面向复杂网络的传播算法研究

赵碧海　胡　赛　张肖霞　张志宏　著
工业互联网技术与安全湖南省重点实验室

電子工業出版社
Publishing House of Electronics Industry
北京·BEIJING

内 容 简 介

本书深入探索了网络传播算法在分子网络中的广泛应用及其在计算生物学领域的新进展。全书从网络传播算法的基本概念出发，逐步展开至其在关键蛋白质识别与蛋白质功能预测中的实际应用，提出了多种关键蛋白质识别与蛋白质功能预测的新方法。从扩散距离网络模型到异构网络预测，再到功能模块挖掘框架，内容层层递进，展示了网络传播算法在提升预测精度和克服小世界特性限制方面的独特优势。同时，本书还展望了网络传播算法在生物信息学领域的发展趋势。

图书在版编目（CIP）数据

面向复杂网络的传播算法研究 / 赵碧海等著.
北京 : 电子工业出版社, 2025. 4. -- ISBN 978-7-121
-50243-9

Ⅰ. G206.2

中国国家版本馆 CIP 数据核字第 2025FL6658 号

责任编辑：康　静
印　　刷：北京盛通数码印刷有限公司
装　　订：北京盛通数码印刷有限公司
出版发行：电子工业出版社
　　　　　北京市海淀区万寿路 173 信箱　　　邮编：100036
开　　本：787×1092　1/16　印张：12　字数：200 千字
版　　次：2025 年 4 月第 1 版
印　　次：2025 年 4 月第 1 次印刷
定　　价：66.00 元

凡所购买电子工业出版社图书有缺损问题，请向购买书店调换。若书店售缺，请与本社发行部联系，联系及邮购电话：（010）88254888，88258888。

质量投诉请发邮件至 zlts@phei.com.cn，盗版侵权举报请发邮件至 dbqq@phei.com.cn。

本书咨询联系方式：010-88254609，hzh@phei.com.cn。

前言

复杂网络中节点与节点之间的特征路径长度较小，这一特性使其接近随机网络，从而导致信息在网络中的传播速度非常快。这种小世界特性是由于网络中存在一些关键的“枢纽节点”，它们连接了大量的其他节点，从而大大缩短了节点间的平均路径长度。无标度特性意味着在复杂网络中，少数节点的度（连接数）非常大，而大多数节点的度则相对较小。这种节点的度分布呈现出幂律分布的特点，即节点的度与其出现频率之间的关系服从幂函数规律。本书以分子网络为例，深入研究网络传播算法在复杂网络中的应用，包括关键蛋白质识别和蛋白质功能预测方法等。

第 1 章简要介绍网络传播算法的基本概念，并给出其形式化描述，通过蛋白质功能预测和人类疾病研究等实例，展示了网络传播算法在分子网络中的实际应用。

第 2 章强调计算方法性能的影响因素，包括蛋白质-蛋白质相互作用数据的质量和蛋白质-蛋白质相互作用网络的拓扑结构，指出蛋白质-蛋白质相互作用网络具有小世界和无标度特性，并基于此提出了基于蛋白质-蛋白质相互作用网络拓扑结构分析和多源生物数据融合的扩散距离网络模型。实验结果表明，该模型能有效提高关键蛋白质识别性能。

第 3 章针对高通量方法获取的蛋白质-蛋白质相互作用数据不完整和有缺陷的问题，提出了一种基于超链接诱导主题搜索（HITS）算法的关键蛋白质识别方法。通过多源生物数据融合，建立高可信的加权网络，并通过运行 HITS 算法进行蛋白质分数排序，实现了关键蛋白质的识别。

第 4 章针对传统方法在融合多源生物数据时忽略异构数据内在相关性的问题，提出了结合原始蛋白质-蛋白质相互作用网络和多源生物数据的张量模型。将 HITS 算法扩展到三维张量模型，提升了关键蛋白质识别性能，强调了构建多重生物数据模型的重要性。

第 5 章探讨了多源生物数据在关键蛋白质识别中的应用挑战，并提出了通过整合蛋白质-蛋白质相互作用网络拓扑结构、蛋白质结构域和基因表达谱来构建多重生物网络的方法。利用重启型随机游走算法对蛋白质进行排序，提高了关键蛋白质识别的准确率。

第 6 章指出了构建可靠单一网络的局限性，并提出了基于异构网络的关键蛋白质识别方法。通过结合蛋白质-蛋白质相互作用网络和蛋白质-结构域关联网络，构建了新的异构网络，并采用改进的随机游走算法进行关键蛋白质的识别。

第 7 章提出了一个基于网络传播和功能模块挖掘的蛋白质功能预测框架。该框架结合了多源生物数据和网络传播算法，通过检测高耦合的功能模块来推断未知蛋白质的功能，打破了小世界特性的限制。

第 8 章总结本书的研究内容和成果，包括扩散距离网络、异构网络、多关系网络模型的构建，以及基于网络传播算法的关键蛋白质识别和蛋白质功能预测方法。同时，展望了网络传播算法在未来研究中的发展前景。

目录

第 1 章

网络传播算法概述

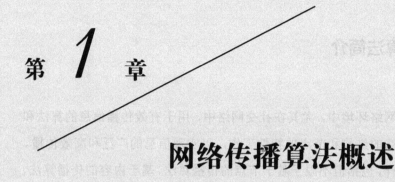

基因组学技术催生了大量研究，旨在阐明疾病的分子基础，产生了越来越多的组学数据。在基因组学和医学领域，识别这些数据中的重要模式已成为核心挑战，需要处理不完整和有噪声的观测结果，这需要在单一分析框架内整合多种数据类型。需要寻求一种有效的方法克服这些障碍，提高信噪比，即在分子网络的背景下分析数据，无论是物理网络、遗传网络、共表达网络还是其他网络[1]。

分子网络模型由代表分子（如蛋白质）的节点和连接节点的边组成。边代表相应分子之间的成对关系，如蛋白质-蛋白质相互作用。由于其通用性、表示简单性和检测复杂模式（如簇）的能力，它为分子数据提供了一个方便的计算模型[2]。

在遗传关联的背景下，早期的网络分析方法依赖“关联罪责”原则，它是基于对基因或蛋白质与其直接作用者共享很多分子和表型特征的统计结果[3]。推广直接连接到本地网络邻居的概念，产生了大量用于在网络中聚类或发现模块的方法。然而，在将蛋白质与其功能角色联系起来时，基于模块的方法不如“直接”方法有效[4]。

近些年，一组解释网络全局结构的新方法已经成为遗传关联[5]领域最经典的方法。这些方法的核心是网络传播，它基于相似表型的基因倾向于相互作用的假设来放大生物信号[6]。

1.1 网络传播算法简介

网络传播算法指在网络环境中，尤其在社交网络中，用于有效传播信息的算法和规则。这些算法基于网络的结构和节点的特性工作，以实现信息的广泛和高效传播。网络传播算法的种类多样，包括但不限于基于节点的传播算法、基于内容的传播算法、基于时间的传播算法及基于社交关系的传播算法。基于节点的传播算法强调节点在网络中的影响力，认为影响力越大的节点，其传播信息的速度越快、范围越广。基于节点的传播算法也是分子网络模型研究中应用最为广泛的网络传播算法之一。

基于分子网络的传播算法会将与感兴趣的表型相关的基因的先验信息（如参与某个生物过程或存在与某种疾病相关的多态性）叠加在网络节点上。这些先验信息通过相连的边，以固定的步数或直到收敛迭代地传播到附近的节点。节点的最终值受到其直接网络邻居值的影响，而直接网络邻居值又受到其直接网络邻居值的影响，依次类推。尽管如此，未包含在先验信息中的新节点仍可以与表型相关联，其传播值反映了其与先验节点的接近程度。图 1-1 演示了网络传播算法的运行过程。

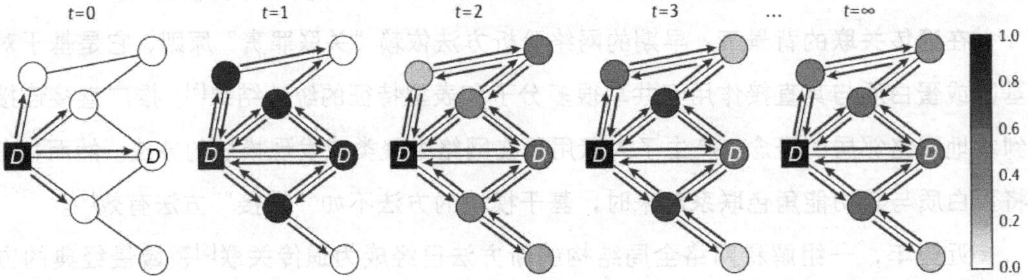

图 1-1　网络传播算法的运行过程

图 1-1 描述了节点在不同时间点的传播过程，直到收敛（稳态，t=∞）。其中，箭头表示节点流动或行走的方向。节点根据收到的流量进行颜色编码。在图 1-1 中，D 表示已知的节点（方形节点）或预测的与表型相关的节点（圆形节点）。

由于这种传播范式非常强大，因此它已经以不同的形式在无数领域被发现和重新发现。例如，图论家研究基于图的随机游走[7]，数据科学家应用 Google 的 PageRank[8] 搜索算法的不同变体，统计物理学家研究热扩散过程[9]，电气工程师计算电路中的最小能量状态，机器学习领域考虑不同形式的图核。在生物学中，这些网络传播的不同形式已被用于各种应用，包括基因功能预测、模块发现、疾病表征和药物作用靶点预测。

1.2 网络传播算法的形式化描述

网络传播包括基于图的随机游走、基于图的扩散过程和电力网络中的电流计算。起点是基因分数向量 $\boldsymbol{p}_0(v)$，表示先验信息或实验测量值。例如，可以对已知的疾病基因设置 $\boldsymbol{p}_0(v)=1$，对所有其他基因设置 $\boldsymbol{p}_0(v)=0$。或者，可以设置 $\boldsymbol{p}_0(v)$表示对 v 在某种疾病中的某种信任度量值。例如，在研究癌症时，它可以表示体细胞突变频率。从概念上讲，可以把 $\boldsymbol{p}_0(v)$看作在网络的边上扩散（或流动）的热量、流体或信息。在每个时间点 k 处，每个节点 v 处的信息量取决于 $k-1$ 时间点相邻（邻接）节点 $N(v)$处的信息之和，与对应边上的权重成比例：

$$\boldsymbol{p}_k(v)=\sum_{u\in N(v)}\boldsymbol{p}_{k-1}(u)w(u,v) \tag{1-1}$$

其中，$w(u,v)$是 u 和 v 相互作用的（归一化的）权重或置信度。如果运行这个过程 k 步，那么结果向量 $\boldsymbol{p}_k(v)$中的值用于给每个节点排名。当 k 较小时，排名接近初始分布 $\boldsymbol{p}_0(v)$；但当 k 较大时，信息扩散而远离初始分布，反映网络拓扑。式（1-1）中描述的传播过程可以用矩阵表示法表示为

$$\boldsymbol{p}_k=\boldsymbol{W}\boldsymbol{p}_{k-1} \tag{1-2}$$

其中，$\boldsymbol{W}$ 是网络邻接矩阵的归一化版本。重复迭代这个方程——$\boldsymbol{p}_k= w^k\boldsymbol{p}_0$，其中 $\boldsymbol{p}_0$ 代表基因的初始或先验信息。如果 $\boldsymbol{W}$ 是一个随机矩阵，即其列总和为 1，则该过程相当于网络上的随机游走，游走者遍历节点，每次以给定的概率从当前位置移动到一个随机选取的邻居节点。或者，可以将边视为具有指定源和目标的电力网络中的电导。如果一个单位电流流过源，那么流过任何边的电流的量就是游走者在从源到目标的路径

上穿过该边的频率。

另一个版本的传播过程是重启型随机游走（RWR，也称绝缘扩散和个性化 PageRank）：

$$\boldsymbol{p}_k = \alpha \boldsymbol{p}_0 + (1-\alpha)\boldsymbol{W}\boldsymbol{p}_{k-1} \tag{1-3}$$

其中，参数 α 描述了先验信息和网络平滑之间的权衡。当网络连通且 $\boldsymbol{W}$ 的特征值的绝对值不超过 1 时，此过程可证明收敛为稳态分布：

$$\boldsymbol{p} = \alpha[1-(1-\alpha)\boldsymbol{W}]^{-1}\boldsymbol{p}_0 \tag{1-4}$$

根据网络的邻接矩阵 $\boldsymbol{A}$（可以是加权的，也可以是非加权的）和对角度矩阵 $\boldsymbol{D}$（对角分量为节点的度，其他分量均为 0），不同的变异体可以使用不同的方式定义 $\boldsymbol{W}$。上面的随机游走使用 $\boldsymbol{W}=\boldsymbol{A}\boldsymbol{D}^{-1}$。其他方法将 $\boldsymbol{W}$ 设为 $\boldsymbol{D}^{-1/2}\boldsymbol{A}\boldsymbol{D}^{-1/2}$ 也满足收敛条件。

在这两种情况下，可以通过矩阵乘法从初始排名得到最终排名：如果用 $\boldsymbol{p}$ 表示稳态分布或在某个时间点 k 处的扩散，那么 $\boldsymbol{p}=\boldsymbol{S}\boldsymbol{p}_0$。$\boldsymbol{S}$ 可以被视为一种相似性矩阵（可能不对称），其中每个条目 S_{ij} 传播大量的信息到节点。假设初始排名 $\boldsymbol{p}_0$ 是一个元素向量，第 j 项为 1，其他项均为 0。

此外，如果 $\boldsymbol{S}$ 是对称的、正半定的，那么 $\boldsymbol{S}$ 定义了一个核。例如，扩散核是重启型随机游走的连续时间模拟，其中，$\boldsymbol{S}=\mathrm{e}^{-\alpha \boldsymbol{W}}$ 和 $\boldsymbol{W}=\boldsymbol{D}-\boldsymbol{A}$ 称为网络的拉普拉斯矩阵。用于解释 $\boldsymbol{S}$ 的内核框架是一个有用的框架，因为内核可以很容易地插入用于分类和回归的一般机器学习算法中。

上面描述的变异体可以很容易地推广到加权网络，但有向网络的情况更复杂。虽然 PageRank 和个性化 PageRank 是在有向设置下开发与研究的，但上述重启型随机游走稳态和核公式的闭合形式只适用于无向网络。

1.3 网络传播算法在分子网络中的应用

网络传播在生物学领域已有 10 年的历史，其最早的应用之一是检测蛋白质序列之间同源性的技术。例如，Rankprop 算法[10]将网络传播应用于基于蛋白质序列相似性在多物种网络上预测蛋白质折叠类型。事实证明，Rankprop 算法优于基于轮廓排序的方法——PSI-BLAST 算法。IsoRank[11]及其后续研究 IsoRankN[12]也采用了类似的想法，通过对来自多个物种的蛋白质-蛋白质相互作用网络进行匹配来预测蛋白质的功能同源。网络传播算法及其相关方法的成功也促进了大量基于传播的蛋白质功能预测方法的发展。

最常用的蛋白质的功能预测场景是，基于简单网络评估蛋白质之间的功能相似性。所提出的方法在传播、迭代、变换和所使用的网络类型方面有所不同。Can 等[13]在蛋白质-蛋白质相互作用网络的基础上，使用固定时间步数的重启型随机游走算法预测通路和共复合物成员。当该算法从通路或复合物的一个随机已知成员开始时，步数落在蛋白质上的次数被用来对所有其他蛋白质作为该通路或复合物的潜在成员进行排名。Voevodski 等[14]提出了一种 PageRank 测量方法，该方法是采用一对蛋白质（从第一个蛋白质到第二个蛋白质，反之亦然）之间两次随机游走的最小值，作为它们成为同一蛋白质复合物成员的可能性的测量方法。Suthram 等[15]使用了构成表达变异基础的网络传播顶点基因的电路公式。为此，他们将潜在源基因向靶基因的信息流动建模为通过蛋白质网络的电流。

在前面的例子中，对蛋白质-蛋白质相互作用网络进行计算时假设两个蛋白质之间的路径越短，两者就越有可能共享相似的功能。相反，在蛋白质-蛋白质相互作用网络中，路径长度可能取决于两个蛋白质之间的关系类型。特别是共复合物关系可能以偶数长度的路径为特征，因为遗传相互作用被发现在属于不同通路或复合物的基因之间特别丰富（这意味着来自相同复合物的基因之间可能有偶数长度的路径）[16]。这一观察结果促使 Qi 等[17]设计了一种改进的可感知奇偶性的网络传播算法，该算法考虑了奇数长度和偶数长度的路径，从而预测遗传相互作用和蛋白质复合物成员的关系。

除了网络传播的直接应用，Cao 等[18]提出了扩散状态距离（DSD），用一个向量表示每个节点（蛋白质），并定义了这些向量之间的距离度量。这个向量记录了它到所有其他节点的预期随机游走距离。他们根据已知的与 DSD 最接近的蛋白质的功能预测了目标蛋白质的功能。类似地，Compass[19]使用对称网络传播量化蛋白质之间的功能相似性预测蛋白质的功能。GeneMANIA[20]采用了两阶段预测过程，首先将多源数据合并到一个单一的功能特异性关联网络中，然后将网络传播算法应用于该网络来预测蛋白质的功能。

利用在生物学中的多种成功应用，网络传播技术现在正被应用于人类疾病研究。网络传播在人类疾病研究中的第一个应用是基因优先排序。很多研究者试图从相似疾病的已知致病基因（称为“种子”）出发，应用网络传播算法，根据基因与先前种子集的接近程度对基因进行优先排序，从而预测疾病的致病基因。尽管这些技术在传播或扩散的方式上略有不同，但相同的传播引擎对所有人来说都是共同的。例如，Nitsch 等[21]基于不同的基因表达数据提出了不同的基因优先排序随机游走模型，并发现标准网络传播技术（他们称之为热核扩散排序）表现最好。又如，Kim 等[22]利用电路模型找到了在疾病病例和对照病例之间，将潜在致病基因的复制数变异与靶基因的 mRNA 表达变化连接起来的通路。将他们的方法应用于胶质母细胞瘤数据，能够发现可能解释表达变化的候选致病基因和通路。

致病基因优先排序框架后来被以多种方式扩展。DADA 方法[23]在明确考虑节点的度的同时，通过估计每个分数的显著性纠正了由网络拓扑特性（网络中节点和边的总体排列）导致的优先级评分偏差。Erten 等[24]应用 2D 方法进行基因优先排序，根据蛋白质-蛋白质相互作用网络中每个基因与其他基因的相似性对其进行评分。这些分数被用于根据候选基因与已知致病基因的相似性对其进行排名。与以往的 1D 方法相比，这项工作的主要创新之处在于，候选基因是基于它们与致病基因的拓扑相似性而不是它们的邻近性进行评估的。Singh-Blom 等[25]开发了 CATAPULT（使用正向非标记学习技术结合跨物种的数据）算法，该算法在一个包含基因和表型的混合网络中应用了简化版本的网络传播算法（考虑到步行长度多达 6 步）。作者认为，较长的路径比较短的路径的信息量更少，随着路径长度的增加，路径对相似性评分的贡献变得更小。通过将不同长度和边缘类型路径的结果评分作为特征严格组合提供给基因-表型关联的分类器。

网络传播算法也可用于新药作用靶点的预测。例如，Shnaps 等[26]利用网络传播模拟了靶向候选蛋白质的药物对急性髓系白血病患者的效应。为此，他们使用完整的蛋白质-蛋白质相互作用网络或移除候选蛋白质的网络，一次对一位患者进行网络传播。他们关注每位患者的差异表达基因（肿瘤基因与正常基因），根据去除候选蛋白质后这些基因的传播值所产生的变化，对各候选蛋白质进行排序。在另一项研究中，Chen 等[27]并没有模拟药物的作用，而是基于相似药物靶向相似蛋白质的假设来预测药物-靶点关系。为此，他们成功地将网络传播应用于靶点-靶点、药物-靶点和药物-药物关系的综合网络以预测药物-靶点关系。

总体而言，网络传播技术正变得越来越丰富，并为疾病基因组学的各种应用产生了先进的结果：从基因优先排序到遗传模块识别和药物-靶点关系预测。

参考文献

[1] BARABÁSI A L, GULBAHCE N, LOSCALZO J. Network medicine: a network-based approach to human disease[J]. Nature Reviews Genetics, 2011, 12(1): 56-68.
[2] BARABASI A L, OLTVAI Z N. Network biology: understanding the cell's functional organization[J]. Nature Reviews Genetics, 2004, 5(2): 101-113.
[3] SCHWIKOWSKI B, UETZ P, FIELDS S. A network of protein-protein interactions in yeast[J]. Nature Biotechnology, 2000, 18(12): 1257-1261.
[4] SONG J, SINGH M. How and when should interactome-derived clusters be used to predict functional modules and protein function[J]. Bioinformatics, 2009, 25(23): 3143-3150.
[5] NAVLAKHA S, KINGSFORD C. The power of protein interaction networks for associating genes with diseases[J]. Bioinformatics, 2010, 26(8): 1057-1063.
[6] MENCHE J, SHARMA A, KITSAK M, et al. Uncovering disease-disease relationships through the incomplete interactome[J]. Science, 2015, 347(6224): 1257601.
[7] TONG H, FALOUTSOS C, PAN J Y. Random walk with restart: fast solutions and applications[J]. Knowledge and Information Systems, 2008, 14: 327-346.
[8] HAVELIWALA T H. Topic-sensitive PageRank[C]. Proceedings of the 11th International Conference on World Wide Web. 2002: 517-526.
[9] BEN-AVRAHAM D, HAVLIN S. Diffusion and reactions in fractals and disordered systems[M]. Cambridge: Cambridge University Press, 2000.
[10] WESTON J, ELISSEEFF A, ZHOU D, et al. Protein ranking: from local to global structure in the protein similarity network[J]. Proceedings of the National Academy of

Sciences, 2004, 101(17): 6559-6563.

[11] SINGH R, XU J, BERGER B. Global alignment of multiple protein interaction networks with application to functional orthology detection[J]. Proceedings of the National Academy of Sciences, 2008, 105(35): 12763-12768.

[12] LIAO C S, LU K, BAYM M, et al. IsoRankN: spectral methods for global alignment of multiple protein networks[J]. Bioinformatics, 2009, 25(12): i253-i258.

[13] CAN T, CAMOĞLU O, SINGH A K. Analysis of protein-protein interaction networks using random walks[C]. Proceedings of the 5th International Workshop on Bioinformatics. 2005: 61-68.

[14] VOEVODSKI K, TENG S H, XIA Y. Spectral affinity in protein networks[J]. BMC Systems Biology, 2009, 3: 1-13.

[15] SUTHRAM S, BEYER A, KARP R M, et al. eQED: an efficient method for interpreting eQTL associations using protein networks[J]. Molecular Systems Biology, 2008, 4(1): 162.

[16] KELLEY R, IDEKER T. Systematic interpretation of genetic interactions using protein networks[J]. Nature Biotechnology, 2005, 23(5): 561-566.

[17] QI Y, SUHAIL Y, LIN Y, et al. Finding friends and enemies in an enemies-only network: a graph diffusion kernel for predicting novel genetic interactions and co-complex membership from yeast genetic interactions[J]. Genome Research, 2008, 18(12): 1991-2004.

[18] CAO M, ZHANG H, PARK J, et al. Going the distance for protein function prediction: a new distance metric for protein interaction networks[J]. PLoS One, 2013, 8(10): e76339.

[19] LEHTINEN S, LEES J, BÄHLER J, et al. Gene function prediction from functional association networks using kernel partial least squares regression[J]. PLoS One, 2015, 10(8): e0134668.

[20] MOSTAFAVI S, RAY D, WARDE-FARLEY D, et al. GeneMANIA: a real-time

multiple association network integration algorithm for predicting gene function[J]. Genome Biology, 2008, 9: 1-15.

[21] NITSCH D, GONCALVES J P, OJEDA F, et al. Candidate gene prioritization by network analysis of differential expression using machine learning approaches[J]. BMC Bioinformatics, 2010, 11: 1-16.

[22] KIM Y A, WUCHTY S, PRZYTYCKA T M. Identifying causal genes and dysregulated pathways in complex diseases[J]. PLoS Computational Biology, 2011, 7(3): e1001095.

[23] ERTEN S, BEBEK G, EWING R M, et al. DADA: degree-aware algorithms for network-based disease gene prioritization[J]. BioData Mining, 2011, 4: 1-20.

[24] ERTEN S, BEBEK G, KOYUTÜRK M. VAVIEN: an algorithm for prioritizing candidate disease genes based on topological similarity of proteins in interaction networks[J]. Journal of Computational Biology, 2011, 18(11): 1561-1574.

[25] SINGH-BLOM U M, NATARAJAN N, TEWARI A, et al. Prediction and validation of gene-disease associations using methods inspired by social network analyses[J]. PLoS One, 2013, 8(5): e58977.

[26] SHNAPS O, PERRY E, SILVERBUSH D, et al. Inference of personalized drug targets via network propagation[J]. Biocomputing 2016: Proceedings of the Pacific Symposium, 2016: 156-167.

[27] CHEN X, LIU M X, YAN G Y. Drug-target interaction prediction by random walk on the heterogeneous network[J]. Molecular BioSystems, 2012, 8(7): 1970-1978.

第 2 章

基于扩散距离网络的关键蛋白质识别

关键蛋白质对生物体的生存和繁殖至关重要。得益于大量蛋白质-蛋白质相互作用数据的产生，研究者已经提出了很多计算方法来识别关键蛋白质。已经证明蛋白质-蛋白质相互作用网络具有小世界和无标度特性。当从蛋白质-蛋白质相互作用网络中识别关键蛋白质时，传统的指标不能真正反映蛋白质之间的关系。本章将蛋白质-蛋白质相互作用网络的拓扑特性与蛋白质同源信息和蛋白质亚细胞定位信息相结合，构建了一个扩散距离网络（Diffusion Distance Network，DSN）。考虑到关键蛋白质的模块化特点，本章提出了一种新的基于扩散距离网络的关键蛋白质识别方法并与其他 10 种方法进行了对比。采用准确率-召回率曲线、刀切法曲线等对这些方法进行了性能测试。实验结果表明，本章提出的方法优于其他 10 种方法。

2.1 引言

关键蛋白质不仅是维持生物体生命活动的关键成分，还是预测药物作用靶点不可缺少的环节[1]。关键蛋白质的缺乏会对生物体的细胞造成不可逆转的损害。因此，准确识别关键蛋白质对医学及相关学科具有重要意义。同时，如果能够将有害细胞中的关键蛋白质准确标记为药物作用靶点[2]，则对于疾病分析[3]、基因敲除等实际应用也将具有很好的参考价值。

传统关键蛋白质识别方法耗时且效率低下。快速发展的高通量技术产生了大量的蛋白质-蛋白质相互作用数据，为关键蛋白质的识别提供了新的选择。目前，基于蛋白质-蛋白质相互作用网络的关键蛋白质识别方法如雨后春笋般涌现，包括度中心性（DC）[4]、信息中心性（IC）[5]、子图中心性（SC）[6]、中间中心性（BC）[7]、紧密中心性（CC）[8]、邻居中心性（NC）[9]等。但是，这些方法并没有产生令人满意的识别结果。

作为基于网络方法的基础，通过高通量技术得到的蛋白质-蛋白质相互作用网络是不完整的。为了克服这一问题，研究者试图通过引入多源生物数据来提高蛋白质-蛋白质相互作用网络的质量。Li 等[10]提出了一种将蛋白质-蛋白质相互作用网络的拓扑特性与基因表达数据相结合来识别关键蛋白质的新方法——PeC 方法。Zhang 等[11]基于蛋白质-蛋白质相互作用网络的拓扑特性和基因表达谱的整合，设计了一种关键蛋白质识别方法，名为 CoEWC。考虑到关键蛋白质的保守性，Peng 等[12]提出了一种识别关键蛋白质的迭代方法，命名为 ION，其中整合了蛋白质同源信息和蛋白质-蛋白质相互作用网络。在之前的研究中，我们提出了一种基于蛋白质-蛋白质相互作用网络和基因表达数据识别重叠关键模块的方法——POEM 方法[13]，可以度量蛋白质的关键性。Lei 等[14]设计了一种基于人工鱼群算法的关键蛋白质识别方法——AFSO_EP 方法。该方法利用了网络拓扑特性、基因表达、基因本体（GO）注释和蛋白质亚细胞定位信息。TEGS[15]方法将基因表达谱、GO 注释和蛋白质亚细胞定位信息与蛋白质-蛋白质相互作用网络拓扑相结合，进行关键蛋白质的识别。Zhang 等[16]首先通过整合蛋白质-蛋白质相互作用网络和基因表达谱建立了一系列动态网络，并提出了名为 FDP 的关键蛋白质识别方法。Chen 等[17]通过整合蛋白质-蛋白质相互作用网络和蛋白质结构域信息构建了异构蛋白质-结构域网络，并在此基础上提出了一种新的关键蛋白质识别方法，命名为 NPRI。Zeng 等[18]通过整合蛋白质亚细胞定位信息、基因表达数据等多源生物数据，提出了一种关键蛋白质识别的深度学习模型。iFeature[19]、iLearn[20]、BioSeq-Analysis[21]和 BioSeq-Analysis2.0[22]为我们提供了从 DNA、RNA 和蛋白质序列中提取特征以便识别关键蛋白质的平台。Li 和 Liu[23]与 Li 等[24]分别提出了一种新的计算预测器——MotifCNN 和 DeepSVM-fold。尽管这些方法有了很大的进步，但多源数据融合方案仍有待优化。

计算方法的性能不仅取决于蛋白质-蛋白质相互作用数据的质量，还取决于蛋白质-蛋白质相互作用网络的拓扑结构。几乎所有基于网络的关键蛋白质识别方法都完全或至少部分依赖最短路径距离这一度量指标。众所周知，包括蛋白质-蛋白质相互作用网络在内的很多复杂网络[25]都具有小世界和无标度特性。图 2-1 所示的统计分析结果揭示了一个有趣的发现，即蛋白质-蛋白质相互作用网络的平均路径长度相对较小。从图 2-1 中可以看出，近 92%的蛋白质对的最短路径距离分布在区间[3,5]内；同时，整个蛋白质-蛋白质相互作用网络的直径也很小。

对蛋白质-蛋白质相互作用网络的另一个重要发现是，大多数蛋白质的邻居很少，但也有一些蛋白质有很多邻居。对酿酒酵母蛋白质-蛋白质相互作用网络的统计显示，超过 38%的蛋白质只有一个或两个邻居，而小部分蛋白质则有超过 200 个邻居。因此，传统的距离度量，如欧氏距离和最短路径距离无法捕获蛋白质-蛋白质相互作用网络拓扑的重要信息。

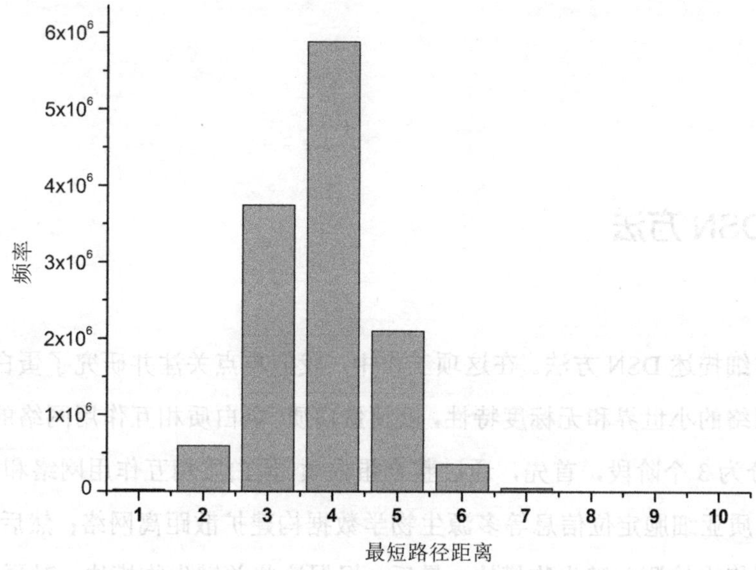

图 2-1 酿酒酵母蛋白质-蛋白质相互作用网络中的最短路径距离分布

为了减小不完整的蛋白质-蛋白质相互作用数据和固有的蛋白质-蛋白质相互作用网络拓扑特性对关键蛋白质识别造成的负面影响，我们定义了结合多源生物数据的扩散距离[26]，并在此基础上提出了一种新的关键蛋白质识别方法，命名为 DSN。为了评估所提出的 DSN 方法的性能，我们在酿酒酵母蛋白质-蛋白质相互作用网络上运行了 DSN 和其他 10 种作为对比的关键蛋白质识别方法，实验结果表明，DSN 方法优于其他 10 种作为对比的关键蛋白质识别方法。

2.2 DSN 方法

本节详细描述 DSN 方法。在这项工作中，我们重点关注并研究了蛋白质-蛋白质相互作用网络的小世界和无标度特性，以及蛋白质-蛋白质相互作用网络的不完整性。DSN 方法分为 3 个阶段，首先，通过整合蛋白质-蛋白质相互作用网络和蛋白质同源信息、蛋白质亚细胞定位信息等多源生物学数据构建扩散距离网络；然后，从构建的扩散距离网络中检测关键生物模块；最后，根据这些关键生物模块，对蛋白质进行降序评分和排序。图 2-2 说明了 DSN 方法的工作流程。

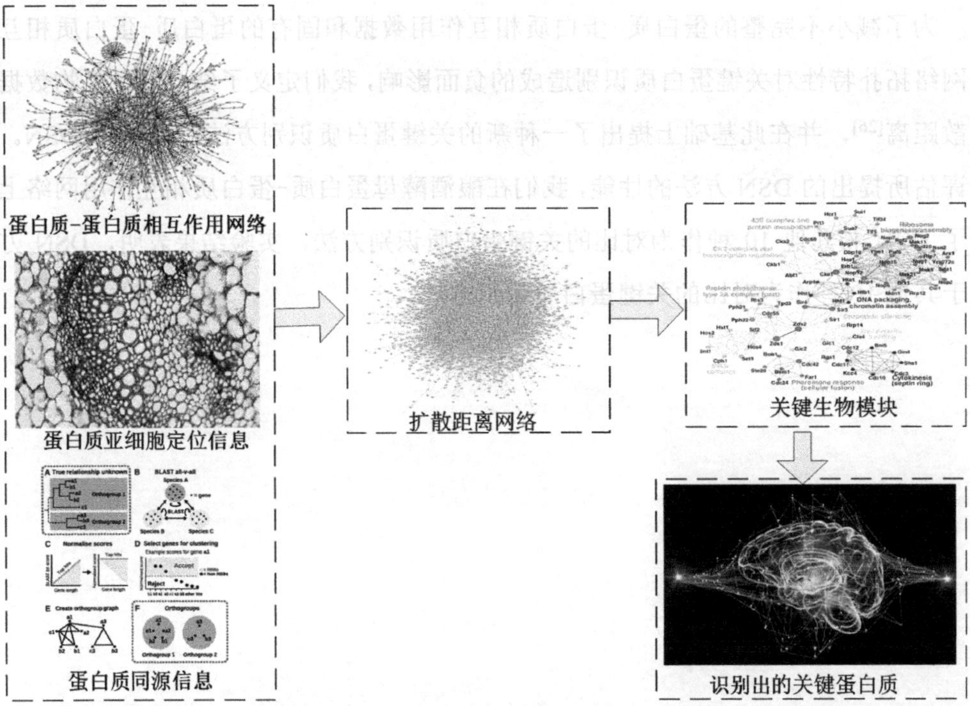

图 2-2　DSN 方法的工作流程

2.2.1 构建扩散距离网络

作为本章基础的扩散距离网络的构建包括以下 3 个步骤。

（1）通过网络拓扑分析建立加权邻接矩阵 $\boldsymbol{M}$。

（2）根据蛋白质同源信息和蛋白质亚细胞定位信息初始化距离向量 **ID**。

（3）通过计算所有蛋白质对之间的扩散距离得到扩散距离网络对应的邻接矩阵 **MD**。

算法 2-1 给出了扩散距离网络的构建细节。

算法 2-1：扩散距离网络的构建

Input: PPI network $G=(V, E)$; Information on orthologous proteins and sub-cellular localization

Output: MD, the adjacency matrix **MD** corresponding to the DSN;

Step 1.for each edge $(i, j)\in E$

Compute its weight $M(i, j)$;

Step 2. for each sub-cellular localization j

Compute I_S(j);

Step 3. for each protein $p_i \in V$

Compute Score_S(p_i);

Step 4. for each protein $p_i \in V$

Compute Score_I(p_i);

Step 5.Establishing the vector **ID**= [$id_1,id_2,\cdots,id_n$], (id_i=1/2×(Score_S(p_i)+Score_I(p_i)))

Step 6. for each vertex $v_i \in V$

Step 7. Initialize with $dis_i^0 = [m(i,1), m(i,2), ..., m(i,n)]$, let t=0 ;

Step 8. Compute dis_i^{t+1} by Equation（2-5）, let t=t+1

Step 9. Repeat step 8 until $\|dis_i^{t+1} - dis_i^t\| \geqslant \varepsilon$

Step 10. end for

Step 11. Output $\mathbf{MD} = [Dis_1, Dis_2, \cdots, Dis_n]$

第一步：根据式（2-1）计算蛋白质-蛋白质相互作用网络 $G=(V,E)$中每条边的权重。

$$m(i,j) = \begin{cases} \dfrac{|N_i \cap N_j|^2}{(|N_i|-1)(|N_j|-1)}, & |N_i|, |N_j| > 1 \\ 0, & 其他 \end{cases} \tag{2-1}$$

其中，N_i和 N_j分别表示蛋白质 i、j 的直接邻居列表，$N_i \cap N_j$表示它们共同的邻居。

第二步：首先根据式（2-2）计算所有蛋白质亚细胞定位信息的分数，然后根据式（2-3）和式（2-4）计算蛋白质-蛋白质相互作用网络中的每个蛋白质亚细胞定位信息的分数和蛋白质同源分数，最后建立初始化距离向量 **ID**。

$$\mathrm{I\_S}(j) = \frac{|p_j|}{\max(\{|p_y|, y \in [1,m]\})} \tag{2-2}$$

其中，$|p_j|$代表与第 j 个蛋白质亚细胞定位信息相关的蛋白质数量；m 表示与所有蛋白质相关的全部蛋白质亚细胞定位信息的数量。

$$\mathrm{Score\_S}(p_i) = \max(\{\mathrm{I\_S}(j), j \in S(p_i)\}) \tag{2-3}$$

其中，$S(p_i)$是与蛋白质 p_i 关联的所有蛋白质亚细胞定位信息的集合，$p_i \in V$（i=1,2,⋯,n）。

$$\text{Score\_I}(p_i) = \frac{N(p_i)}{\max(\{N(p_j), j \in [1,n]\})} \tag{2-4}$$

其中，$N(p_i)$是蛋白质 p_i 在参考物种中出现的次数，$p_i \in V$（i=1,2,⋯,n）。

第三步：对于每个蛋白质，根据式（2-5）迭代计算其到其他蛋白质的扩散距离。访问完所有蛋白质后，可以得到如式（2-6）所示的扩散距离网络对应的邻接矩阵 **MD**。

$$\mathbf{Dis}_i^{t+1} = (1-\alpha) \times \boldsymbol{M} \times \mathbf{Dis}_i^t + \alpha \times \mathbf{ID} \tag{2-5}$$

$$\mathbf{MD} = \begin{bmatrix} \text{Dis}_{11} & \text{Dis}_{12} & \cdots & \text{Dis}_{1n} \\ \text{Dis}_{21} & \text{Dis}_{22} & \cdots & \text{Dis}_{2n} \\ \vdots & \vdots & & \vdots \\ \text{Dis}_{n1} & \text{Dis}_{n2} & \cdots & \text{Dis}_{nn} \end{bmatrix} \tag{2-6}$$

其中，$\mathbf{Dis}_i = [\text{Dis}_{i1}, \text{Dis}_{i2}, \cdots, \text{Dis}_{in}]$为迭代达到稳态时，第 i 个蛋白质与其他蛋白质的最终扩散距离向量。

2.2.2 挖掘关键生物模块

研究表明，蛋白质的关键性不仅取决于其自身的性质，还取决于其参与的分子模块[27]。Song 和 Singh 证实，蛋白质的关键性不仅是生物过程的特征，更是功能模块的固有特性[28]。受这些研究的启发，我们试图从扩散距离网络中挖掘关键生物模块[29]，进而实现关键蛋白质的识别。关键生物模块由一组具有共同生物功能的高度连接的蛋白质组成。代表关键生物模块的子网络应该具有两个特征：模块内部成员之间应该包含很多可靠的相互作用，模块内部成员能够与网络的其余部分很好地区分或分离[30]。

在我们提出的关键生物模块挖掘算法中，每个蛋白质都有被挑选为种子并形成关键生物模块的机会。该算法由 3 个步骤组成，如算法 2-2 所示。

算法 2-2：关键生物模块挖掘算法

Input: the adjacency matrix **MD** of the DSN;

Output: EM, the set of essential biological modules;

Step 1.for each vertex $v \in V$

Step 2. CM={ v };// the candidate module set

Step 3. $Q = \{ v_i \mid v_i \in V \wedge \mathbf{MD}(v, v_i) > 0 \}$

Step 4. NS=$\{ v_j \mid \mathbf{MD}(v_i, v_j) > 0 \wedge v_i \in Q \wedge v_j \notin Q \}$;

Step 5. for each element $q \in Q$

Step 6. begin

Step 7. CM = CM $\cup \{q\}$

Step 8. if f(CM) $\leqslant T_{\mathrm{f}}$ then

Step 9. remove q from CM;

Step 10. end // for each element $q \in Q$

Step 11. if Size(CM)>3 then

Step 12. insert CM into EM;

Step 13. for each module MA $\in$ EM

Step 14. for each module MB $\in$ EM and MA≠MB

Step 15. if OS(MA, MB) then

Step 16. if f(MA)≥f(MB) or Size(MA)≥Size(MB) then

Step 17. remove MB from EM

Step 18. else

Step 19. remove MA from EM

Step 20. end //for each vertex $v \in V$

第一步：首先用节点 v 初始化候选模块集 CM（Step 2），然后将 v 的所有邻居放入队列 Q（Step 3）。

第二步：集合 NS 由队列 Q 中蛋白质的邻居组成（Step 4）。对于队列 Q 中的每个元素 q，尝试将其插入 CM（Step 7），并根据式（2-7）计算 CM 的内聚性分数。如果 f(CM)小于或等于一个给定的阈值 T_f，则元素 q 将被从 CM 中移除（Step 8 和 Step 9）。经过这一步的处理后，包含 3 个或 3 个以上蛋白质的 CM 才得以放入最终的关键生物模块集 EM（Step 11 和 Step 12）。

$$f(\mathrm{CM}) = \frac{\mathrm{DS}^{\mathrm{in}}(\mathrm{CM})}{\mathrm{DS}^{\mathrm{in}}(\mathrm{CM}) + \mathrm{DS}^{\mathrm{out}}(\mathrm{CM})} \tag{2-7}$$

其中，$\mathrm{DS}^{\mathrm{in}}$(CM)是 CM 中的所有蛋白质内部相互连接边的扩散距离之和；$\mathrm{DS}^{\mathrm{out}}$(CM)是 CM 中的蛋白质与网络剩余部分（集合 NS）连接边的扩散距离之和。内聚性分数为我们提供了一种非常有效的方法来评估一个子图是否可以被表示为一个关键生物模块。一个包含很多可靠边（相互作用）的 CM 应该具有较大的 $\mathrm{DS}^{\mathrm{in}}$(CM)值。较小的 $\mathrm{DS}^{\mathrm{out}}$(CM)值意味着 CM 能够与网络剩余部分很好地区分开。在本项研究中，阈值 T_f 被设置为 0.5[30]。

第三步：与其他模块高度重叠的关键生物模块被丢弃（Step 13～Step 18）。在这项工作中，重叠分数 OS 大于 0.8 的关键生物模块对将被合并[31]，其中两个关键生物模块 MA 和 MB 的重叠分数 OS 定义如下：

$$\mathrm{OS}(\mathrm{MA},\mathrm{MB})=\frac{|\mathrm{MA}\cap\mathrm{MB}|^2}{|\mathrm{MA}||\mathrm{MB}|} \tag{2-8}$$

2.2.3 从关键生物模块中识别关键蛋白质

DNS 方法的最后一个阶段是基于检测到的关键生物模块对蛋白质进行评分和排序。对于给定的蛋白质 v，其排名分数 R_Score(v)定义为其参与的所有关键生物模块的内聚性分数之和。R_Score(v)通过式（2-9）来计算：

$$\mathrm{R\_Score}(v)=\begin{cases}\sum_{i=1}^{m} f(\mathrm{em}_i) & ,\ \exists \mathrm{em}_i,\ v\in \mathrm{em}_i\\ 0 & ,\ \forall \mathrm{em}_i,\ v\notin \mathrm{em}_i\end{cases} \tag{2-9}$$

其中，m 为检测到的关键生物模块数。如果蛋白质 v 没有参与任何关键生物模块，则其排名分数为零。最后将蛋白质的排名分数归一化，计算如下：

$$\mathrm{R\_Score}(v_i)=\frac{\mathrm{R\_Score}(v_i)-\min\limits_{1\leqslant j\leqslant |V|}(\mathrm{R\_Score}(v_j))}{\max\limits_{1\leqslant j\leqslant |V|}(\mathrm{R\_Score}(v_j))-\min\limits_{1\leqslant j\leqslant |V|}(\mathrm{R\_Score}(v_j))} \tag{2-10}$$

2.3 实验结果和分析

2.3.1 实验数据

为了测试 DNS 方法的性能，我们在两个酿酒酵母蛋白质-蛋白质相互作用网络（DIP 网络[32]和 Krogan 网络[33]）中实现了 DSN 方法和其他 10 种经典的关键蛋白质识别方法，包括 DC[4]、IC[5]、SC[6]、BC[7]、CC[8]、NC[9]、PeC[10]、CoEWC[11]、POEM[13]和 ION[12]。其中，前 6 种方法是基于蛋白质-蛋白质相互作用网络的拓扑特性识别关键蛋白质的，其余 4 种方法通过整合蛋白质-蛋白质相互作用网络和多源生物数据实现关键蛋白质的识别。由于监督式机器学习方法[18]需要一些已报道的关键蛋白质作为先验知识，因此该方法不包含在对比方法中。

DIP 网络（DIP 数据集）由 5023 个蛋白质和 22570 对蛋白质之间的相互作用组成，Krogan 网络由 3672 个蛋白质和 14317 对蛋白质之间的相互作用组成。这两个网络中的自相互作用和重复相互作用均被过滤掉。以下实验分析中，我们将详细介绍 DIP 网络上的结果，并简要介绍 Krogan 网络上的结果。

用于建立初始距离向量的蛋白质亚细胞定位信息来自 COMPARTMENTS 数据库[34]。为了避免特异性，我们只保留了 11 类亚细胞定位：Endoplasmic Reticulum、Cytoskeleton、Golgi、Cytosol、Vacuole、Mitochondrion、Endosome、Plasma、Nucleus、Peroxisome、Extracellular [35]。用于建立初始距离向量的蛋白质同源信息来自 InParanoid 数据库（Version 7）[36]。该数据库是一组 100 个全基因组（99 个真核生物和 1 个原核生物）的配对比较。

为了评估 DSN 方法识别的关键蛋白质的质量，采用以下 4 个数据库中的基准集：

MIPS[37]、SGD[38]、DEG[39]和 OGEE[40]。在 DIP 网络的所有蛋白质中，1167 个蛋白质是关键蛋白质，其余蛋白质是非关键蛋白质。在 Krogan 网络的所有蛋白质中，有 929 个关键蛋白质。

为了进行全面的比较，我们采用了几种评价方法，包括刀切法、准确率-召回率曲线、差异性分析等。

2.3.2 参数 α 的影响

对于本章提出的 DSN 方法，在式（2-5）中引入了一个用户自定义的参数 α。参数 α 为重新启动的概率，$1-\alpha$ 为在构建的扩散距离网络中当前节点移动到相邻节点的概率。为了评估该参数对 DSN 方法在 DIP 网络和 Krogan 网络中的识别性能的影响，我们设置了不同的 α 值（范围为 0 到 1）并对比分析了不同参数值的运行结果。表 2-1 所示为 DSN 方法在 DIP 网络上基于不同 α 值的运行结果，表 2-2 所示为 DSN 方法在 Krogan 网络上基于不同 α 值的运行结果。

表 2-1 DSN 方法在 DIP 网络上基于不同 α 值的运行结果

α	前 100	前 200	前 300	前 400	前 500	前 600
0	0.820	0.815	0.770	0.738	0.674	0.647
0.1	0.880	0.865	0.793	0.738	0.676	0.645
0.2	0.900	0.875	0.813	0.748	0.676	0.645
0.3	0.920	0.895	0.827	0.745	0.680	0.652
0.4	0.900	0.885	0.817	0.743	0.680	0.653
0.5	0.910	0.875	0.820	0.735	0.694	0.655
0.6	0.910	0.870	0.813	0.735	0.696	0.648
0.7	0.910	0.865	0.793	0.748	0.690	0.652

续表

α	前 100	前 200	前 300	前 400	前 500	前 600
0.8	0.930	0.865	0.783	0.735	0.690	0.640
0.9	0.910	0.845	0.773	0.728	0.684	0.637
1	0.740	0.450	0.377	0.365	0.348	0.388

表 2-2 DSN 方法在 Krogan 网络上基于不同 α 值的运行结果

α	前 100	前 200	前 300	前 400	前 500	前 600
0	0.800	0.760	0.727	0.668	0.626	0.575
0.1	0.860	0.785	0.737	0.675	0.622	0.573
0.2	0.890	0.805	0.733	0.680	0.622	0.575
0.3	0.910	0.820	0.720	0.680	0.626	0.582
0.4	0.890	0.835	0.730	0.683	0.626	0.582
0.5	0.870	0.815	0.727	0.670	0.620	0.583
0.6	0.860	0.805	0.737	0.680	0.626	0.578
0.7	0.870	0.780	0.720	0.678	0.622	0.568
0.8	0.830	0.755	0.707	0.665	0.612	0.568
0.9	0.790	0.745	0.680	0.633	0.602	0.555
1	0.480	0.540	0.497	0.485	0.434	0.415

这里挑选了 DSN 方法识别的排名前 100～前 600 的关键蛋白质。准确率是根据候选集中真正关键蛋白质的百分比评估的。从表 2-1 中可以看出，当 α 为 0.3 时，DSN 方法在 DIP 网络上的识别准确率最高。因此认为 DIP 网络的 α 的最优值是 0.3。对于 Krogan 网络，α 的最优值也是 0.3。

2.3.3 与其他方法进行对比

为了研究扩散距离的好处和优势，我们比较了 DSN 方法和其他 10 种方法识别的关键蛋白质数量。按照每种方法为蛋白质计算的分数将蛋白质降序排列，并从排名前 100～前 600 的蛋白质中选出候选关键蛋白质，与基准关键蛋白质集合进行匹配。

图 2-3 显示了 DSN 方法和其他 10 种方法从 DIP 网络中识别的真正的关键蛋白质数量。从图 2-3 中可以看到，DSN 方法在识别关键蛋白质方面明显优于其他 10 种方法。

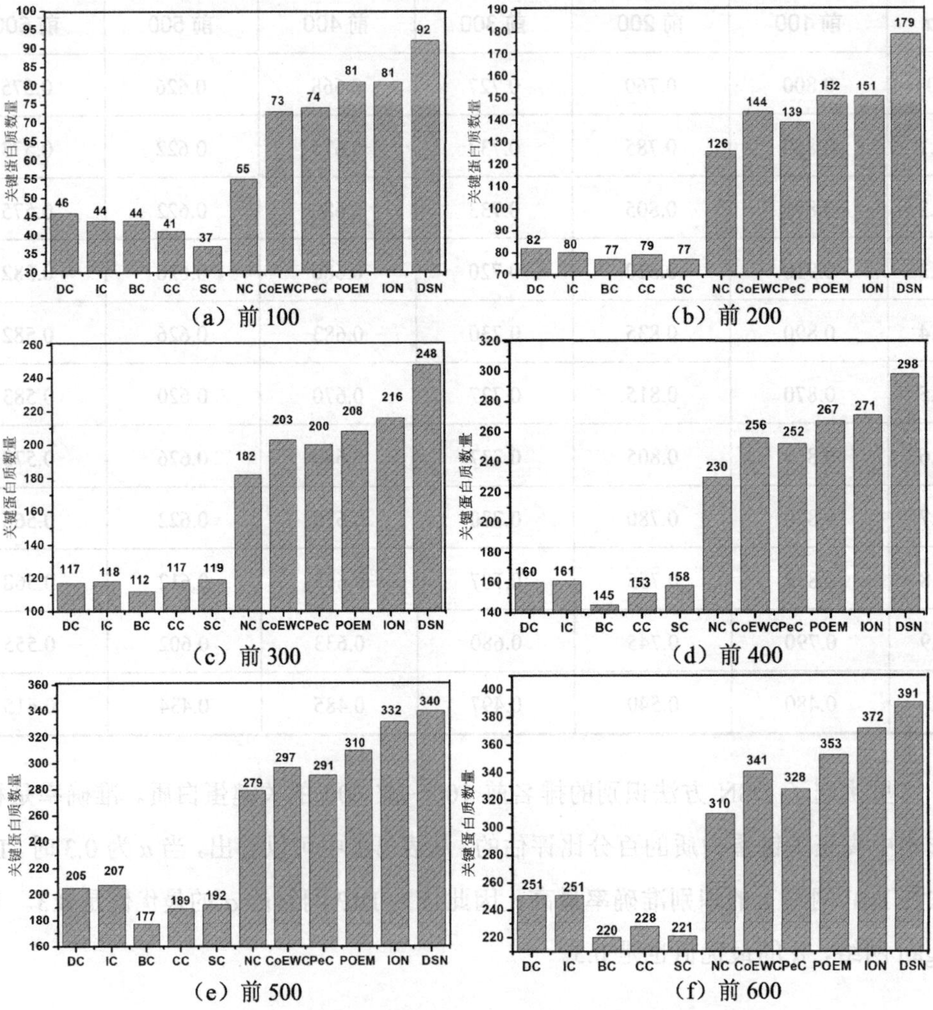

图 2-3 DSN 和其他 10 种方法识别的关键蛋白质比较

特别是 DSN 方法在识别排名前 100 和前 200 的蛋白质方面具有绝对的准确率优势。与基于网络的 6 种方法（DC、IC、SC、BC、CC 和 NC）相比，DSN 方法选择的前 100 个蛋白质中，准确率提高了 67%以上。即使与其他 4 种多源数据融合方法相比，DSN 方法的准确率也提高了 13%以上。通过选择排名前 200 的蛋白质，DSN 方法识别关键蛋白质的准确率仍然接近 90%，高于其他方法的准确率。在 6 种基于网络的方法中，NC 方法从 DIP 网络中识别关键蛋白质的准确率最高。与 NC 方法相比，DSN 方法对排名靠前（前 100～前 600）的蛋白质的识别准确率分别提高了 67.27%、42.06%、36.26%、29.57%、21.86%和 26.13%。与其他 10 种方法中表现最好的 ION 方法相比，对于排名前 100～前 600 的蛋白质，DSN 方法的识别准确率分别提高了 13.58%、18.54%、14.81%、9.96%、2.41%和 5.11%。

2.3.4 准确率-召回率曲线验证

本节使用准确率-召回率（Precision-Recall，PR）曲线评估 DSN 方法和其他 10 种方法的整体性能。DSN 方法和其他 10 种方法的 PR 曲线如图 2-4 所示。

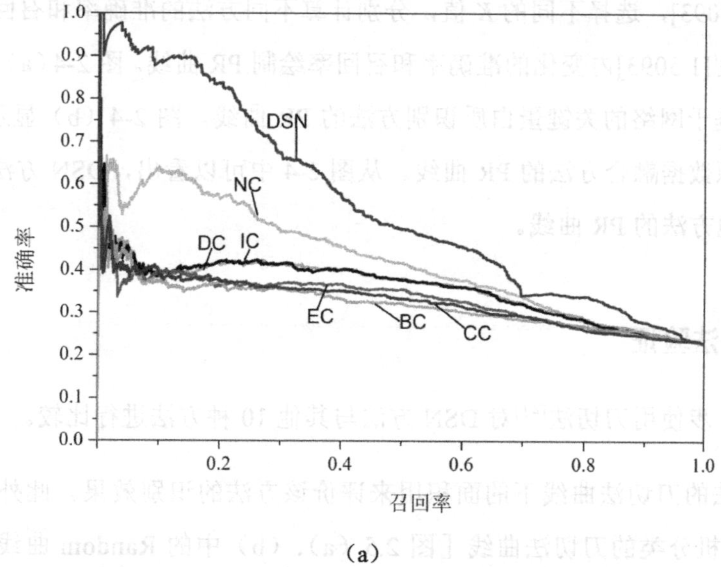

(a)

图 2-4 DSN 方法和其他 10 种方法的 PR 曲线

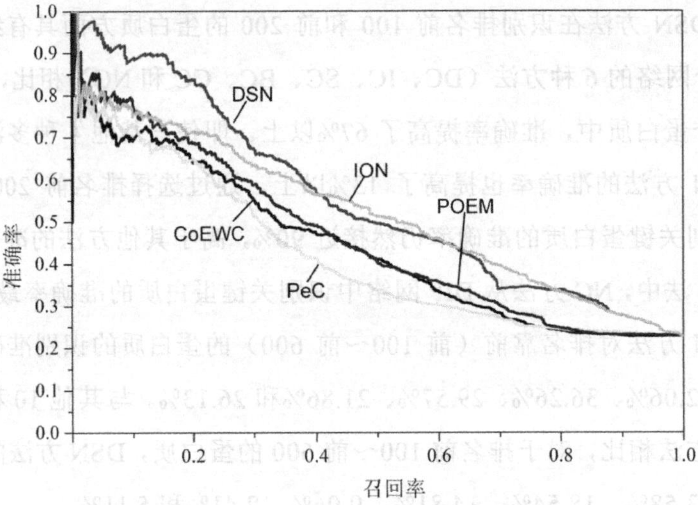

（b）

图 2-4　DSN 方法和其他 10 种方法的 PR 曲线（续）

首先，根据每种方法计算的分数，对蛋白质-蛋白质相互作用网络中的蛋白质进行降序排列；然后，挑出前 K 个蛋白质放入阳性数据集（候选关键蛋白质），而将蛋白质-蛋白质相互作用网络中剩余的蛋白质放入阴性数据集（候选非关键蛋白质），K 的取值为[1, 5093]，选择不同的 K 值，分别计算不同方法的准确率和召回率；最后，根据 K 在区间[1,5093]内变化的准确率和召回率绘制 PR 曲线。图 2-4（a）显示了 DSN 方法和 6 种基于网络的关键蛋白质识别方法的 PR 曲线。图 2-4（b）显示了 DSN 方法和 4 种多源数据融合方法的 PR 曲线。从图 2-4 中可以看出，DSN 方法的 PR 曲线明显高于其他方法的 PR 曲线。

2.3.5　刀切法验证

本节进一步使用刀切法[41]对 DSN 方法与其他 10 种方法进行比较。

每种方法的刀切法曲线下的面积用来评价该方法的识别效果。此外，这里还绘制了 10 条随机分类的刀切法曲线［图 2.5（a）、（b）中的 Random 曲线］以进行比较。图 2-5（a）显示了 DSN 方法与 3 种基于网络拓扑的方法（DC、IC 和 SC）之间的对比结果。图 2-5（b）显示了 DSN 方法与 BC、CC、NC 三种中心方法的对比结果。图 2-5（a）、（b）表明，DSN 方法的性能始终优于 6 种基于网络的关键蛋白质识别方法的性能。图 2-5（c）展示了 DSN 方法与其他 4 种整合了蛋白质-蛋白质相互作用网络拓扑和多源生物数据方法的对比结果。可以看出，DSN 方法的性能优于 PeC、CoEWC 和 POEM 三种方法的性能，与 ION 方法的性能相当。此外，DSN 方法和其他 10 种方法的性能都要优于随机分类方法的性能。

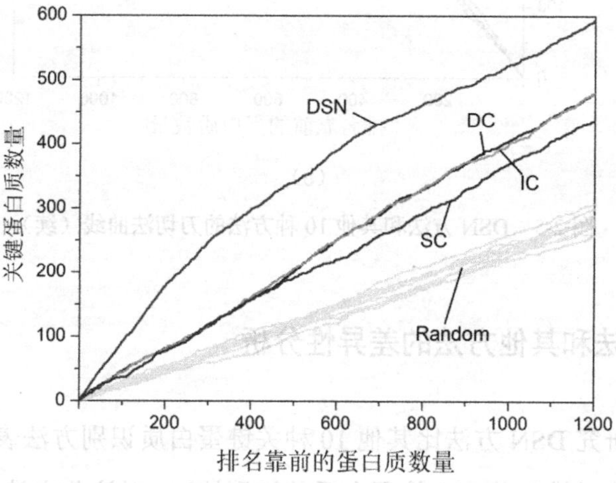

（a）

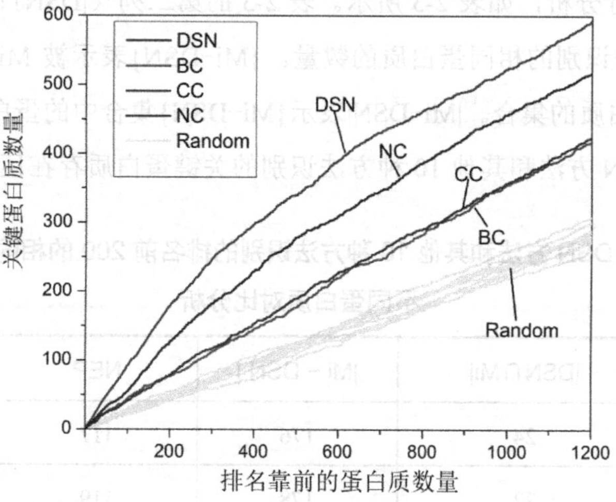

（b）

图 2-5 DSN 方法和其他 10 种方法的刀切法曲线

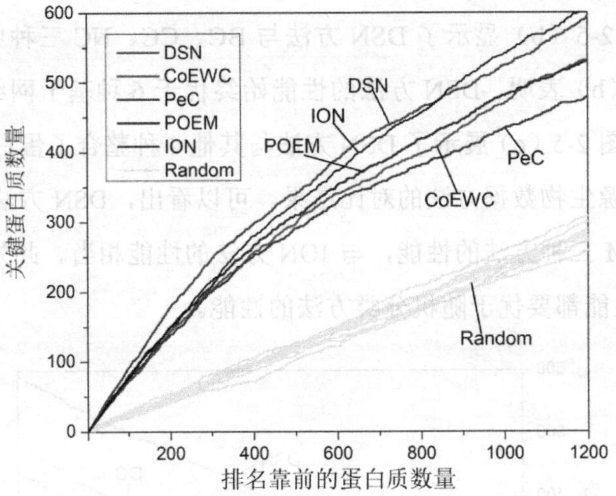

(c)

图 2-5 DSN 方法和其他 10 种方法的刀切法曲线（续）

2.3.6 DSN 方法和其他方法的差异性分析

为了进一步研究 DSN 方法比其他 10 种关键蛋白质识别方法表现更好的原因，本节比较了每种方法对排名前 200 的蛋白质的识别情况，对这些方法识别的相同蛋白质和不同蛋白质进行分析，如表 2-3 所示。表 2-3 的第二列（|DSN∩Mi|）是 DSN 方法和其他 10 种方法识别的相同蛋白质的数量。{Mi−DSN}表示被 Mi 识别但被 DSN 方法忽略的不同蛋白质的集合。|Mi−DSN|表示{Mi−DSN}集合中的蛋白质数量。从表 2-3 中可以看出，DSN 方法和其他 10 种方法识别的关键蛋白质存在巨大差异。

表 2-3 DSN 方法和其他 10 种方法识别的排名前 200 的相同蛋白质和不同蛋白质对比分析

Mi	|DSN∩Mi|	|Mi − DSN |	NEP	PNEP
DC	24	176	117	84.62%
IC	22	178	119	85.71%
SC	22	178	122	80.33%

续表

Mi	|DSN∩Mi|	|Mi－DSN|	NEP	PNEP
BC	21	179	121	83.47%
CC	18	182	120	84.17%
NC	43	157	73	87.67%
PeC	71	129	59	77.97%
CoEWC	74	126	54	74.07%
POEM	74	126	48	81.25%
ION	128	72	37	78.38%

如表 2-3 所示，在排名前 200 的蛋白质中，DSN 方法与 DC、IC、SC、BC、CC、NC 六种方法识别的相同蛋白质所占的比例低于 22%。DSN 方法与 3 种整合基因表达谱方法（PeC、CoEWC 和 POEM）检测到的蛋白质相同率低于 38%。作为所有方法中性能最好的 ION 和 DSN 方法识别的相同蛋白质所占的比例也只有 64%。这些分析结果表明，DSN 方法是一种有别于现有关键蛋白质识别方法的新颖方法。

表 2-3 中的第四列表示{Mi-DSN}中的非关键蛋白质数量，最后一列为{Mi-DSN}中具有较低的 DSN 排名分数（低于 0.2）的非关键蛋白质百分比。对其他方法识别的这些非关键蛋白质的进一步分析表明，在 6 种基于网络的方法识别的蛋白质中，超过 80%的非关键蛋白质的 DSN 排名分数较低，而 PeC、CoEWC、POEM 和 ION 四种方法识别的蛋白质中，74%的非关键蛋白具有较低的 DSN 排名分数。

为了进一步研究，我们还观察了{Mi-DSN}和{DSN-Mi}中不同关键蛋白质的百分比。如图 2-6 所示，DSN 方法识别的不同关键蛋白质的比例明显高于其他方法。以 CC 和 ION 两种方法为例，前者与 DSN 方法识别的不同蛋白质数量最多，后者与 DSN 方法识别的不同蛋白质数量最少。与 CC 方法相比，DSN 方法在排名前 200 的蛋白质中识别了 182 个不同蛋白质，其中 89.01%是关键蛋白质，而 CC 方法识别的排名前

200 的蛋白质中只有 34.07%是关键蛋白质。与 ION 方法相比，DSN 方法在排名前 200 的蛋白质中识别了 72 个不同蛋白质，其中 88.89%是关键蛋白质，而 ION 方法识别的蛋白质中只有 48.61%是关键蛋白质。实验结果表明，DSN 方法不仅可以识别更多其他方法忽略的关键蛋白质，还可以排除很多其他方法不能忽略的非关键蛋白质。

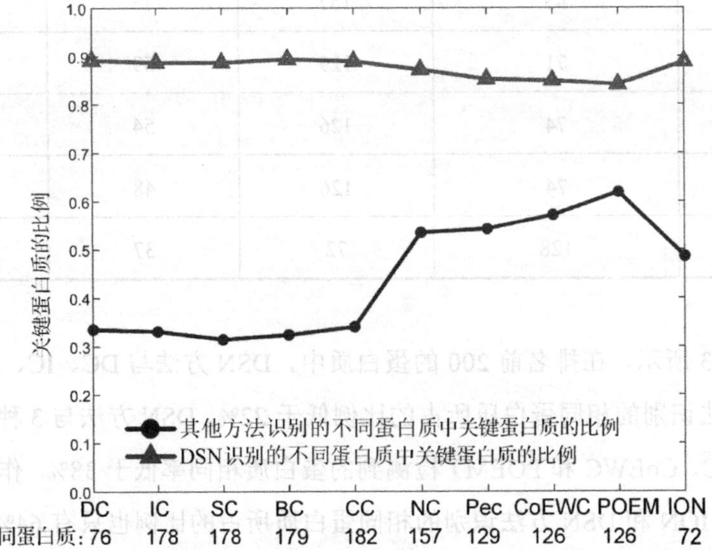

图 2-6　DSN 方法和其他 10 种方法识别的不同蛋白质中关键蛋白质的比例

2.3.7　基于 Krogan 网络的 DSN 方法性能分析

为了进一步测试 DSN 方法的性能，本节在 Krogan 网络上运行了 DSN 方法和其他 10 种方法。图 2-7 和图 2-8 分别给出了每种方法的刀切法曲线与 PR 曲线。

实验结果表明，在 Krogan 网络上，DSN 方法比其他方法在识别关键蛋白质方面具有更好的性能。尤其在筛选排名前 100 的蛋白质时，DSN 方法的识别准确率比 DC、IC、CC、BC、SC、NC、PeC、CoEWC、POEM、ION 方法分别提高 78.43%、82.00%、121.95%、106.82%、102.22%、37.88%、22.97%、28.17%、28.17%和 22.97%。

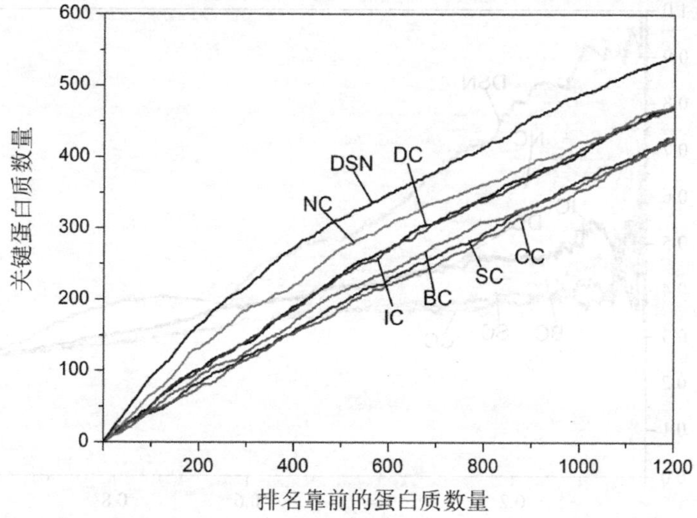

(a)

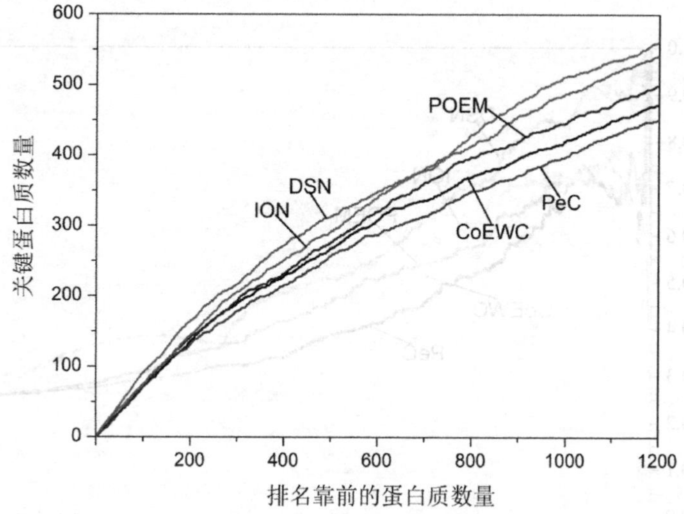

(b)

图 2-7 Krogan 网络上刀切法曲线的对比结果

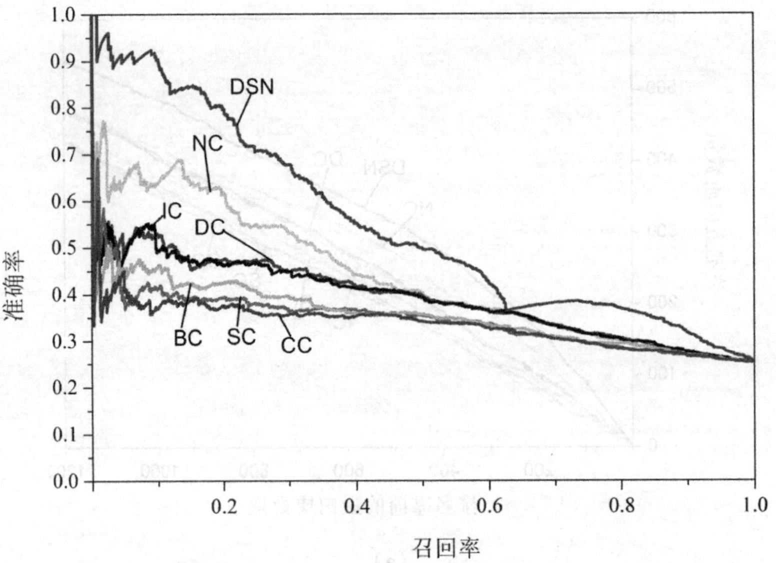

（a）

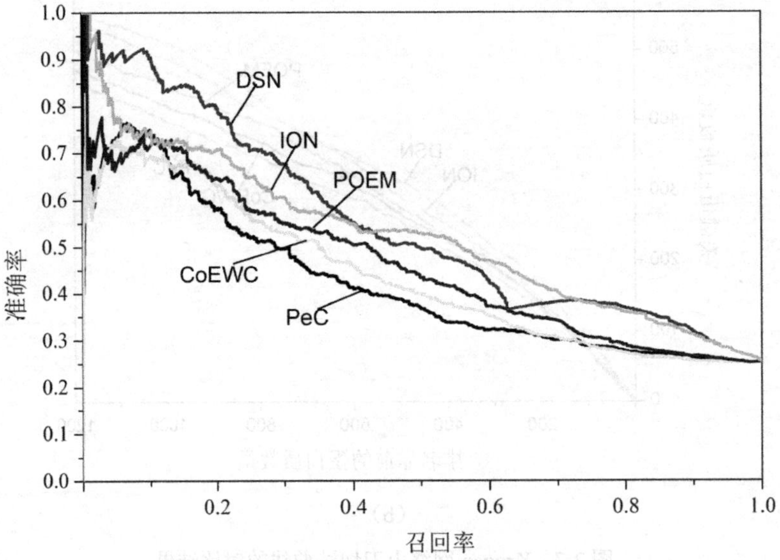

（b）

图 2-8　Krogan 网络上 PR 曲线的对比结果

2.4 结论

关键蛋白质的识别对了解细胞寿命和预测药物的作用靶点具有重要意义。基于蛋白质-蛋白质相互作用网络的小世界和无标度特性，我们在蛋白质-蛋白质相互作用网络中用扩散距离代替传统的欧氏距离或最短路径距离展开研究。对于关键蛋白质的识别，我们将蛋白质-蛋白质相互作用网络与多源生物数据相结合，构建了扩散距离网络，并设计了一种新的关键蛋白质识别方法，命名为 DSN。在两个蛋白质-蛋白质相互作用网络上的实验结果表明，DSN 方法的性能明显优于其他方法的性能。我们相信所提出的方法可以为蛋白质-蛋白质相互作用网络的其他应用研究提供更多借鉴。

参考文献

[1] LI X, LI W, ZENG M, et al. Network-based methods for predicting essential genes or proteins: a survey[J]. Briefings in Bioinformatics,DOI:10.1093/bib/bbz017.

[2] ZENG X, LIAO Y, LIU Y, et al. Quantitating drug-target engagement in single cells in vitro and in vivo[J]. Nat. Chem. Biology, 2017,13(2):168-173.

[3] ZENG X, LIAO Y, LIU Y, et al. Prediction and validation of disease genes using HeteSim Scores[J]. IEEE/ACM Transactions on Computational Biology and Bioinformatics, 2017, 14(3): 687-695.

[4] HAHN M W, KERN A D. Comparative genomics of centrality and essentiality in three eukaryotic protein-interaction networks[J]. Molecular Biology and Evolution, 2004, 22(4): 803-806.

[5] STEPHENSON K, ZELEN M. Rethinking centrality: methods and examples[J]. Social Networks, 1989,11(1):1-37.

[6] ESTRADA E, RODRIGUEZ-VELAZQUEZ J A. Subgraph centrality in complex networks[J]. Physical Review E, 2005,71(5):122-133.

[7] JOY M P, BROCK A, INGBER D E, et al. High-betweenness proteins in the yeast protein interaction network[J]. BioMed Research International,2005,2: 96-103.

[8] WUCHTY S, STADLER P F. Centers of complex networks[J]. Journal of Theoretical Biology, 2003,223(1):45-53.

[9] WANG J, LI M, WANG H, et al. Identification of essential proteins based on edge clustering coefficient[J]. IEEE/ACM Transactions on Computational Biology and Bioinformatics, 2011,9(4):1070-1080.

[10] LI M, ZHANG H, WANG J, et al. A new essential protein discovery method based on the integration of protein-protein interaction and gene expression data[J]. BMC Systems Biology, 2012,6(1):1-15.

[11] ZHANG X, XU J, XIAO W. A new method for the discovery of essential proteins[J]. PLoS One, 2013,8(3): e58763.

[12] PENG W, WANG J, WANG W, et al. Iteration method for predicting essential proteins based on orthology and protein-protein interaction networks[J]. BMC Systems Biology, 2012, 6: 1-17.

[13] ZHAO B, WANG J, LI M, et al. Prediction of essential proteins based on overlapping essential modules[J]. IEEE Transactions on NanoBioscience,2014, 13(4):415-424.

[14] LEI X, YANG X, WU F. Artificial fish swarm optimization based method to identify essential proteins[J]. IEEE/ACM Transactions on Computational Biology and Bioinformatics, DOI: 10.1109/TCBB.2018.2865567.

[15] ZHANG W, XU J, ZOU X F. Predicting essential proteins by integrating network topology, subcellular localization information, gene expression profile and GO annotation data[J]. IEEE/ACM Transactions on Computational Biology and Bioinformatics, DOI: 10.1109/TCBB.2019.2916038.

[16] ZHANG F, PENG W, YANG Y, et al. A novel method for identifying essential genes by fusing dynamic protein-protein interactive networks[J]. Gene,2019,10(1) :31.

[17] CHEN Z, MENG Z, LIU C, et al. A novel model for predicting essential proteins based on heterogeneous protein-domain network[J]. IEEE Access,2020,8: 8946-8958.

[18] ZENG M, LI M, FEI Z, et al. A deep learning framework for identifying essential proteins by integrating multiple types of biological information[J]. IEEE/ACM Transactions on Computational Biology and Bioinformatics, DOI: 10.1109/TCBB.2019.2897679.

[19] CHEN Z, ZHAO P, LI F, et al. iFeature: a python package and web server for features extraction and selection from protein and peptide sequences[J]. Bioinformatics, 2018,34(14):2499-2502.

[20] CHEN Z, ZHAO P, LI F, et al. iLearn: an integrated platform and meta-learner for feature engineering, machine-learning analysis and modeling of DNA, RNA and protein sequence data[J]. Brief in Bioinformatics,DOI: 10.1093/bib/bbz041.

[21] LIU B. BioSeq-Analysis: a platform for DNA, RNA and protein sequence analysis based on machine learning approaches[J]. Briefings in Bioinformatics, 2019, 20(4): 1280-1294.

[22] LIU B, GAO X, ZHANG H Y. BioSeq-Analysis2.0: an updated platform for analyzing DNA, RNA, and protein sequences at sequence level and residue level based on machine learning approaches[J]. Nucleic Acids Research,2019,47(20): e127.

[23] LI C C, LIU B. MotifCNN-fold: protein fold recognition based on fold-specific features extracted by motif-based convolutional neural networks[J]. Briefings in Bioinformatics, DOI: 10.1093/bib/bbz133.

[24] LI C C, LIU B, YAN K. DeepSVM-fold: protein fold recognition by combining support vector machines and pairwise sequence similarity scores generated by deep learning networks[J]. Briefings in Bioinformatics,DOI:10.1093/bib/bbz098.

[25] WANG X. F, CHEN G R. Complex networks: small-world, scale-free and beyond[J]. IEEE Circuits and Systems Magazine,2003, 3(1):6-20.

[26] LING H, OKADA K. Wavelength-switched pas-sively coupled single-mode optical network[C]. in Proc. IEEE Computer Society Conference on Computer Vision and Pattern Recognition, New York, NY, USA,2006:585-590.

[27] VALLABHAJOSYULA R R, CHAKRAVARTI D, LUTFEALI S, et al. Identifying hubs in protein interaction networks[J]. PLoS One,2009,4(4):e5344.

[28] SONG J, SINGH M. From hub proteins to hub modules: the relationship between essentiality and centrality in the yeast interactome at different scales of organization[J]. PLoS Computational Biology,2013,9(2):e1002910.

[29] ZOTENKO E, MESTRE J, O'LEARY D P, et al. Why do hubs in the yeast protein interaction network tend to be essential: reexamining the connection between the network topology and essentiality[J]. PLoS Computational Biology, 2008, 4(8): e1000140.

[30] NEPUSZ T, YU H, PACCANARO A. Detecting overlapping protein complexes in protein-protein interaction networks[J]. Nature Methods,2012,9(5):471-475.

[31] ZHAO B, WANG J, LI M, et al. Detecting protein complexes based on uncertain graph model[J]. IEEE/ACM Transactions on Computational Biology and Bioinformatics, 2014, 11(3):486-497.

[32] XENARIOS I, RICE D W, SALWINSKI L, et al. DIP: the database of interacting proteins[J]. Nucleic Acids Research, 2000,28(1):289-291.

[33] KROGAN N J, CAGNEY G, YU H, et al. Global landscape of protein complexes in the yeast saccharomyces cerevisiae[J]. Nature,2006,440:637-643.

[34] BINDER J X, SUNE P F, KALLIOPI T, et al. COMPARTMENTS: unification and visualization of protein subcellular localization evidence[J].Database The Journal of Biological Databases and Curation, 2014, 2014:bau012.DOI:10.1093/database/bau012.

[35] PENG X, WANG J, ZHONG J, et al. An efficient method to identify essential proteins for different species by integrating protein subcellular localization information[C]. in Proc.IEEE International Conference on Bioinformatics and Biomedicine (BIBM), Washington, DC, USA, 2015:277-280.

[36] ÖSTLUND G, SCHMITT T, FORSLUND K, et al. InParanoid 7: new algorithms and tools for eukaryotic orthology analysis[J].Nucleic Acids Research,2010,38:D196-D203.

[37] MEWES H W, FRISHMAN D, MAYER K F X, et al. MIPS: analysis and annotation of proteins from whole genomes in 2005[J]. Nucleic Acids Research, 2006,34(Suppl_1): D169-D172.

[38] CHERRY J M. SGD: saccharomyces genome database[J]. Nucleic Acids Research,1998, 26(1):73-79.

[39] ZHANG R, LIN Y. DEG 5.0, a database of essential genes in both prokaryotes and eukaryotes[J]. Nucleic Acids Research, 2009,37(Suppl_1):D455-D458.

[40] CHEN W H, MINGUEZ P, LERCHER M J, et al. OGEE: an online gene essentiality database[J]. Nucleic Acids Research, 2012, 40(D1): D901-D906.

[41] HOLMAN A G, DAVIS P J, FOSTER J M, et al. Computational prediction of essential genes in an unculturable endosymbiotic bacterium, wolbachia of brugiamalayi[J]. BMC Microbiology, 2009,9:243.

第 3 章

基于 HITS 算法的关键蛋白质识别方法

识别关键蛋白质有助于我们了解细胞生存和发育的最低要求。得益于大规模的蛋白质-蛋白质相互作用数据，很多基于计算的方法被设计用于从蛋白质-蛋白质相互作用网络中识别关键蛋白质。不幸的是，由于实验条件和技术的限制，蛋白质-蛋白质相互作用数据是不完整和有缺陷的。通过整合蛋白质-蛋白质相互作用网络和多源生物学数据来识别关键蛋白的研究越来越受到关注，提高计算方法的识别准确率仍然是一个挑战。本章提出一种基于 HITS（Hypertext Induced Topic Search，超链接诱导主题搜索）算法的关键蛋白识别方法。为了减小假阳性对识别效果的负面影响，首先，将蛋白质-蛋白质相互作用网络与基因表达谱相结合，构建加权网络；然后，在加权网络上采用改进的基于 HITS 算法的随机游走算法，迭代计算蛋白质的权威分数和枢纽分数；最后，根据它们在稳定状态下的权威分数和枢纽分数得出的排名分数，选择排名前 K 的蛋白质作为关键蛋白质。实验结果表明，该方法明显优于其他关键蛋白质识别方法。

3.1 引言

关键蛋白质或基因是生物体生存的关键，在细胞生命中起着非常重要的作用。另外，它还与药物设计[1]和疾病诊断[2]密切相关。在生物学中，主要通过生物医学实验识别关键蛋白质，如基因敲除[3]、RNA 干扰[4]、CRISPR[5]等。然而，这些方法的成本高、低效且耗时。高通量实验技术已经发布了大量高质量的蛋白质-蛋白质相互作用数据集，为利用计算方法鉴定关键蛋白质提供了基础和丰富的数据。基于蛋白质-蛋白质相互作用网络的拓扑特性，目前已经提出了一些先进的中心性方法，如 DC[6]、IC[7]、CC[8]、BC[9]、SC[10]和 NC[11]。

然而，由于蛋白质-蛋白质相互作用网络的不完整性，这些中心性方法的识别准确率仍然不能令人满意。为了突破这一局限，研究人员开始关注结合蛋白质-蛋白质相互作用网络的拓扑特性和其他生物信息来识别关键蛋白质。Li 等[12]结合蛋白质-蛋白质相互作用数据和基因表达数据，设计了一种被称为 PeC 的关键蛋白质识别方法。作为 PeC 方法的改进版本，CoEWC[13]提出了一种结合蛋白质-蛋白质网络的拓扑特性和基于基因表达谱的蛋白质共表达特性的关键蛋白质识别方法，命名为 CoEWC。在之前的工作中，我们提出了一种基于相同模块挖掘的关键蛋白质识别方法，命名为 POEM[14]，该方法将基因表达数据和蛋白质-蛋白质网络的拓扑特性整合在一起，构建可靠的加权网络。Peng 等[15]通过整合蛋白质同源信息和蛋白质-蛋白质相互作用网络，提出了一种迭代的关键蛋白质识别方法，命名为 ION。

近年来，结合多源生物学数据和蛋白质-蛋白质相互作用网络，提出了多种关键蛋白质识别方法。Li 等[16]结合蛋白质复合物信息和蛋白质-蛋白质相互作用网络的拓扑特性提出了联合复合物中心性。Luo 和 Wu[17]采用基于边缘聚集系数的基因表达数据、复杂信息识别关键蛋白质。考虑到关键蛋白质的保守性和模块化，我们开发了一种名为 PEMC 的方法，通过结合蛋白质结构域信息、蛋白质同源信息和基因表达数据来识别关键蛋白质[18]；在人工鱼群优化的基础上，提出了用于关键蛋白质识别的 AFSO_EP[19]方法，该方法综合了蛋白质-蛋白质相互作用网络、基因表达、GO 注释和蛋白质亚细胞定位信息，以此来建立加权网络。Li 等[20]设计了一种新的用于关键蛋白质识别的中心性方法，称为邻域接近中心性（NCC）。而后，他们还开发了一种融合 NCC 方法和蛋白质同源信息的新型关键蛋白质识别方法。Zeng 等[21]提出了一种深度学习框架，通过整合蛋白质-蛋白质相互作用网络拓扑特性和蛋白质亚细胞定位信息来识别关键蛋白质。

尽管这些计算方法和实验技术取得了进步，但提高关键蛋白质识别方法的性能仍然具有挑战性。在这项工作中，我们设计了一个基于 HITS 算法的新模型来识别关键蛋白质。HITS 算法是一种典型的网页推荐算法，它利用了 Web 的链接结构。它为返回的匹配页面计算了两个值：枢纽分数和权威分数。这两个值是相互依存、相互影响的。枢纽分数是所有指向该网页的页面上所有权威分数的总和。而权威分数则是页面上所有导入链接的枢纽分数之和。在这项工作中，蛋白质的枢纽分数和权威分数分别来自蛋白质同源信息与蛋白质亚细胞定位信息。众所周知，高通量实验得到的蛋白质-蛋白质相互作用数据中含有大量的假阳性数据。首先，结合蛋白质-蛋白质相互作用网络的拓扑特性和基因表达谱建立一个加权网络；然后，在此基础上应用 HITS 算法迭代计算蛋白质的权威分数和枢纽分数；最后，根据蛋白质的权威分数和枢纽分数的加权总和，对蛋白质进行降序排列，排名前 K 的蛋白质被挑选出来作为关键蛋白质。

3.2 HITS 算法

3.2.1 构建加权蛋白质-蛋白质相互作用网络

实验技术得到的原始蛋白质-蛋白质相互作用网络是非加权网络。由于实验条件的限制，这些蛋白质-蛋白质相互作用数据中存在大量的假阳性数据。为了减小这些误差对识别效果的负面影响，首先构建一个可靠的加权蛋白质-蛋白质相互作用网络。对蛋白质-蛋白质相互作用网络的拓扑特性进行分析是评估网络可靠性的常用方法。一般来说，两个蛋白质包含的共同邻居节点越多，它们相互作用的可靠性就越高。此处采用 FS-Weight[22]方法计算蛋白质间的权重：

$$\mathrm{FS\_Weight}(u,v)=\frac{2|N_u\cap N_v|}{|N_u-N_v|+2|N_u\cap N_v|+p_{u,v}}\cdot\frac{2|N_u\cap N_v|}{|N_v-N_u|+2|N_u\cap N_v|+p_{v,u}} \tag{3-1}$$

$$p_{u,v}=\max\{0,n_{\mathrm{avg}}-(|N_u-N_v|+|N_u\cap N_v|)\}$$

其中，n_{avg}是所有节点的度的平均值；$p_{u,v}$和$p_{v,u}$是惩罚具有较小的度的节点的参数。

基因表达是指在细胞生命过程中，遗传信息通过转录和翻译转化为具有生物活性的蛋白质分子。基因在不同时间的表达值不同，表现出周期性。我们认为，基于基因表达谱，如果一对蛋白质-蛋白质相互作用并共表达，那么它们之间的相互作用更可靠。在这项工作中，我们采用 Pearson 相关系数（Pearson Correlation Coefficient，PCC）来评估一对蛋白质的共表达概率。对于一对蛋白质 u 和 v，它们的 PCC 计算如下：

$$\mathrm{PCC}(u,v)=\begin{cases}\dfrac{\mathrm{Cov}(\mathrm{Exp}_u,\mathrm{Exp}_v)}{\sqrt{\mathrm{Var}(\mathrm{Exp}_u)\mathrm{Var}(\mathrm{Exp}_v)}}, & \mathrm{Var}(\mathrm{Exp}_u),\mathrm{Var}(\mathrm{Exp}_v)>0\\ 0, & \text{其他}\end{cases} \tag{3-2}$$

其中，Exp_u 和 Exp_v 分别是由蛋白质 u、v 在不同时间点的基因表达值组成的载体；$\mathrm{Cov}(\mathrm{Exp}_u, \mathrm{Exp}_v)$是 Exp_u 和 Exp_v 之间的协方差；$\mathrm{Var}(\mathrm{Exp}_u)$和 $\mathrm{Var}(\mathrm{Exp}_v)$分别是 Exp_u、Exp_v 的方差。由式（3-2）可知，$\mathrm{PCC}(u, v)$的值落在区间[−1,1]内。$\mathrm{PCC}(u, v)$在区间[−1,0]内，表示两个向量负相关；否则，两个向量正相关。本书给出了 PCC 的绝对值。换句话说，负相关和正相关都被认为是相关。此外，如果两个蛋白质在蛋白质-蛋白质相互作用网络中相互作用，并且它们的 PCC 的绝对值大于或等于阈值∂，则这对蛋白质共表达。一对蛋白质的共表达概率或权重计算如下：

$$\mathrm{Co\_Weight}(u,v)=\begin{cases}|\mathrm{PCC}(u,v)|, & |\mathrm{PCC}(u,v)|\geqslant\delta\\ 0, & \text{其他}\end{cases} \tag{3-3}$$

这里将阈值设为 0.5。在获得基于蛋白质-蛋白质相互作用网络拓扑特性的 FS_Weight 值和基于基因表达谱的 Co_Weight 值后，构建加权蛋白质-蛋白质相互作用网络。两个蛋白质相互作用的权重计算如下：

$$\mathrm{Weight}(u,v)=\mathrm{FS\_Weight}(u,v)\cdot\mathrm{Co\_Weight}(u,v) \tag{3-4}$$

3.2.2 初始化权威分数向量和枢纽分数向量

与 PageRank 算法不同的是，HITS 算法采用两个值来评价网络中节点的重要性，即权威分数和枢纽分数。在初始化蛋白质权威分数和枢纽分数向量时，考虑了关键蛋白质的保守性和功能特征。

蛋白质的初始化权威分数向量 $\boldsymbol{a}_0$ 反映了蛋白质的保守性，这是由蛋白质同源信息决定的。如果一个蛋白质含有更多的参考物种，那么它的进化保守性就会更高。给定一个蛋白质 u，其初始化权威分数计算如下：

$$a_0(u)=\frac{\mathrm{N\_S}(u)}{\max\limits_{1\leqslant j\leqslant n}(\mathrm{N\_S}(v_j))} \tag{3-5}$$

其中，N_S(u)表示含有蛋白质 u 的物种数量；分母表示所有蛋白质中物种的最大数量。

蛋白质的初始化枢纽分数向量 $\boldsymbol{h}_0$ 由蛋白质的功能特征表示，这些功能特征来源于蛋白质亚细胞定位信息。由于蛋白质的功能不同，因此它们位于不同的亚细胞位置。这是关键蛋白质的功能特征。首先，计算蛋白质亚细胞定位的重要分数：

$$\mathrm{I\_S}(i)=\frac{|p_i|}{\max\limits_{1\leqslant j\leqslant n}(|p_j|)} \tag{3-6}$$

其中，$|p_i|$为与第 i 次亚细胞定位相关的蛋白质数量；n 为不同类型亚细胞定位的总数。根据式（3-6）的结果，进一步计算蛋白质的初始化枢纽分数向量。对于给定的蛋白质 u，其初始化枢纽分数向量可计算为

$$\boldsymbol{h}_0(u)=\max_{j\in S(p_i)}(\mathrm{I\_S}(j)) \tag{3-7}$$

其中，$S(p_i)$是与蛋白质 p_i 相关的亚细胞位置列表。

3.2.3 基于 HITS 算法的随机游走算法

在运行随机游走算法之前，在第一阶段构建的加权网络的基础上构建转移概率矩阵 $\boldsymbol{M}$。对于 $\boldsymbol{M}$ 中的元素 $M(i,j)$，其定义如下：

$$\boldsymbol{M}(i,j)=\begin{cases}\dfrac{\mathrm{Weight}(i,j)}{\sum\limits_{w\in N(i)}\mathrm{Weight}(i,w)}, & \sum\limits_{w\in N(i)}\mathrm{Weight}(i,w)>0\\ 0, & 其他\end{cases} \tag{3-8}$$

其中，$N(i)$表示蛋白质 i 的邻居节点组成的集合

采用改进的 HITS 算法迭代计算蛋白质的权威分数和枢纽分数。在经历了第一阶段之后，该算法根据转移概率矩阵 $\boldsymbol{M}$、权威分数向量 $\boldsymbol{a}_i$ 和枢纽分数向量 $\boldsymbol{h}_i$ 更新权威

分数向量 $\boldsymbol{a}_{(i+1)}$与枢纽分数向量 $\boldsymbol{h}_{(i+1)}$。为了计算蛋白质的权威分数向量 $\boldsymbol{a}$ 和枢纽分数向量 $\boldsymbol{h}$，使用如下公式：

$$\boldsymbol{h}_t = (1-\lambda)\boldsymbol{h}_0 + \lambda\sum_{i=1}^{n} M(i,j)\boldsymbol{a}_{t-1} \tag{3-9}$$

$$\boldsymbol{a}_t = (1-\lambda)\boldsymbol{a}_0 + \lambda\sum_{i=1}^{n} M(i,j)\boldsymbol{h}_t \tag{3-10}$$

如果$\|\boldsymbol{h}_t - \boldsymbol{h}_{t-1}\| + \|\boldsymbol{a}_t - \boldsymbol{a}_{t-1}\| \geqslant \varepsilon$，则 i=i+1 并且返回前一步继续迭代；否则，迭代结束。HITS 算法的总体框架如算法 3-1 所示。

算法 3-1：HITS 算法的总体框架

Input：PPI network $G=(V, E)$;

Gene expression data; Subcellular localization information;

Information on orthologous proteins; Parameter λ

Output：SC, the set of protein modules;

Step 1. Generate the weighted network from Equation（3-1）～Equation（3-4）

Step 2. Generate initial protein authority score vector and hub score vector a_0 and h_0 from Equation（3-5）～Equation（3-7）

Step 3. Construct adjacent matrix M from Equation（3-8）

Step 4. t=1;

Step 5. $\boldsymbol{h}_t = (1-\lambda)\boldsymbol{h}_0 + \lambda\sum_{i=1}^{n} M(i,j)\boldsymbol{a}_{t-1}$

Step 6. $\boldsymbol{a}_t = (1-\lambda)\boldsymbol{a}_0 + \lambda\sum_{i=1}^{n} M(i,j)\boldsymbol{h}_t$

Step 7. if $\|\boldsymbol{h}_t - \boldsymbol{h}_{t-1}\| + \|\boldsymbol{a}_t - \boldsymbol{a}_{t-1}\| \geqslant \varepsilon$ repeat step 5

Step 8. Output $\boldsymbol{h}_t \times \boldsymbol{a}_t$

3.3 实验结果和分析

3.3.1 实验数据

为了评估 HITS 算法的性能，使用 HITS 和其他 10 种方法在酿酒酵母蛋白质-蛋白质相互作用网络的 DIP 网络上[23]识别关键蛋白质。在 DIP 网络中，自相互作用和重复相互作用的蛋白质被过滤掉。DIP 网络（与第 2 章的版本不一样）中有 5093 个蛋白质和 24743 种相互作用。

构建加权蛋白质-蛋白质相互作用网络的基因表达谱来源于 GEO（Gene Expression Omnibus）中的 GSE3431[24]，包含 6776 个基因在 36 个时间点的表达值，其中 4902 个基因包含于 DIP 网络，基因表达覆盖率为 4902/5093 ≈96.25%。

用于计算蛋白质的枢纽分数的蛋白质亚细胞定位信息来源于 COMPARTMENTS 数据库[25]。我们只保留了与 COMPARTMENTS 数据库的真核细胞中关键蛋白质密切相关的 11 类亚细胞定位（或区室）。用于计算蛋白质的权威分数的蛋白质同源信息来自 InParanoid 数据库（Version 7）[26]。

从 MIPS[27]、SGD[28]、DEG[29]和 OGEE[30]4 个数据库中导出 1285 个酿酒酵母关键蛋白质的基准集。

3.3.2 与其他 10 种关键蛋白质识别方法进行对比

为了评估 HITS 算法的性能，本节将 HITS 算法识别的关键蛋白质（λ=0.1）与其他 10 种现有的关键蛋白识别方法识别的关键蛋白质进行比较。分别选择排名前 100～前 600 的蛋白质作为候选关键蛋白质。图 3-1 展示了对比结果。

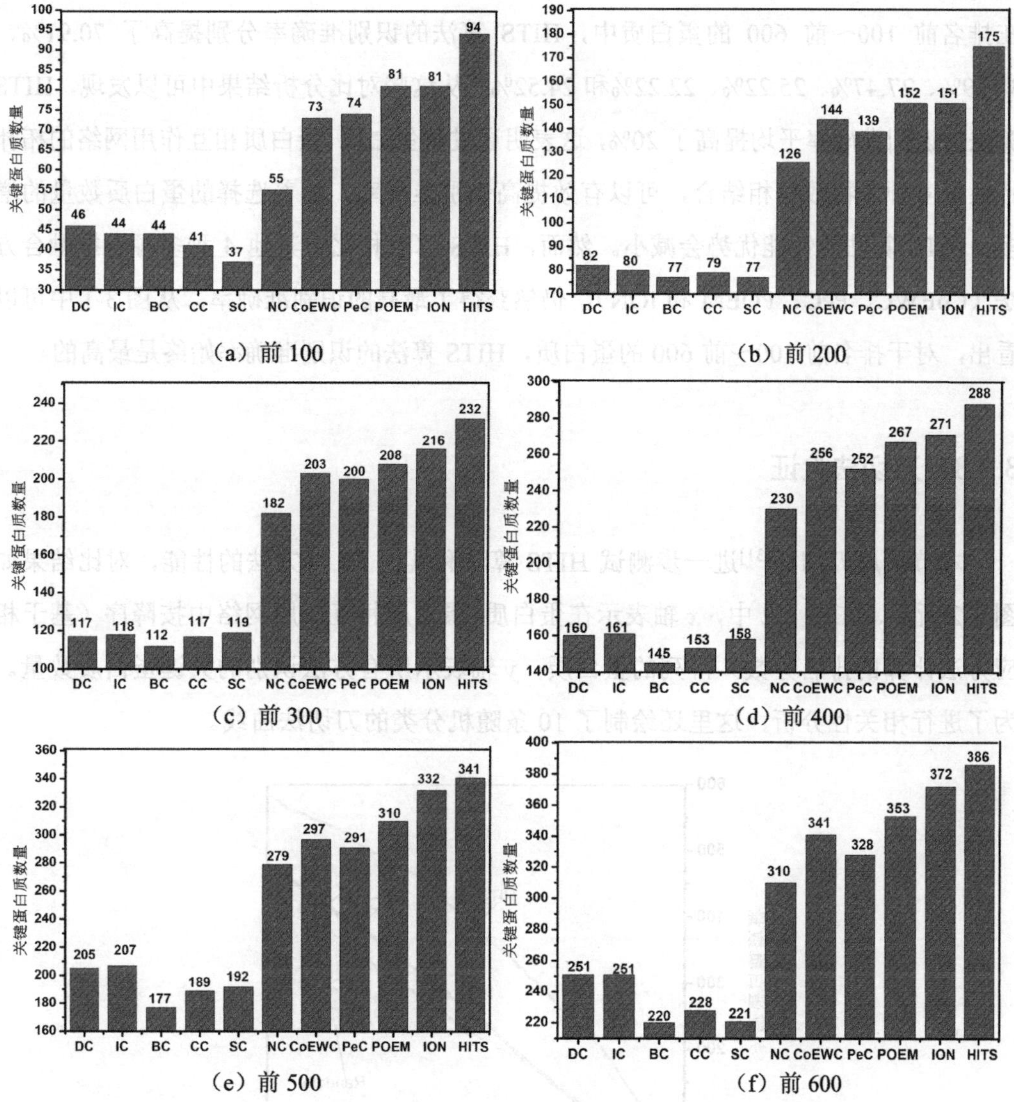

图 3-1　HITS 算法与其他 10 种方法识别的关键蛋白质数量的对比结果

从图 3-1 中可以看到，HITS 算法优于其他方法。例如，对于排名前 100 的蛋白质，HITS 算法达到了 94%的高识别准确率，大约是 DC 方法的识别准确率的 2 倍。对于排名前 200 的蛋白质，HITS 算法的识别准确率可达 87.5%。对于排名前 300～前 600 的蛋白质，HITS 算法的识别准确率分别为 77.33%、72%、68.2%和 64.33%。此外，与基于网络拓扑的 6 种方法（DC、IC、BC、CC、SC 和 NC）中表现最好的 NC 方法相比，在排名前 100～前 600 的蛋白质中，HITS 算法的识别准确率分别提高了 70.91%、38.89%、27.47%、25.22%、22.22%和 24.52%。从这些对比分析结果中可以发现，HITS 算法的识别准确率平均提高了 20%，这表明通过将蛋白质-蛋白质相互作用网络的拓扑特性与多种生物数据相结合，可以有效提高识别准确率。随着选择的蛋白质数量的增多，HITS 算法的性能优势会减小。然而，HITS 算法相比于其他 4 种多源数据融合方法（CoEWC、PeC、POEM 和 ION），仍然获得了最高的识别准确率。从图 3-1 中可以看出，对于排名前 100～前 600 的蛋白质，HITS 算法的识别准确率始终是最高的。

3.3.3 刀切法验证

本节采用刀切法[31]进一步测试 HITS 算法和其他 10 种方法的性能，对比结果如图 3-2 所示。在图 3-2 中，x 轴表示在蛋白质-蛋白质相互作用网络中按降序（基于相应方法计算的排名分数）排列的蛋白质，y 轴表示所有方法识别的关键蛋白质数量。为了进行相关性分析，这里还绘制了 10 条随机分类的刀切法曲线。

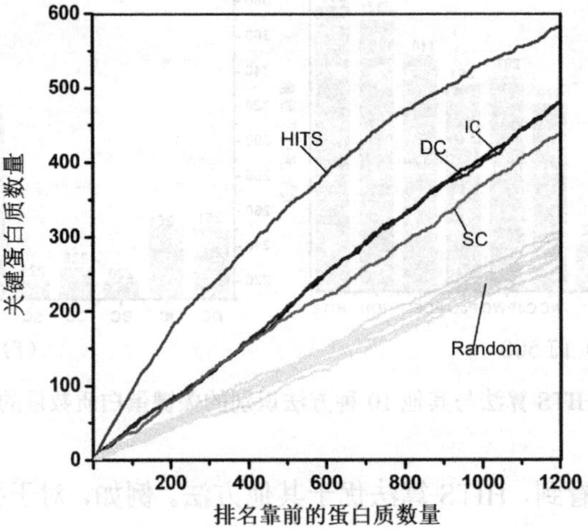

(a)

图 3-2　HITS 算法和其他方法的刀切法曲线的对比结果

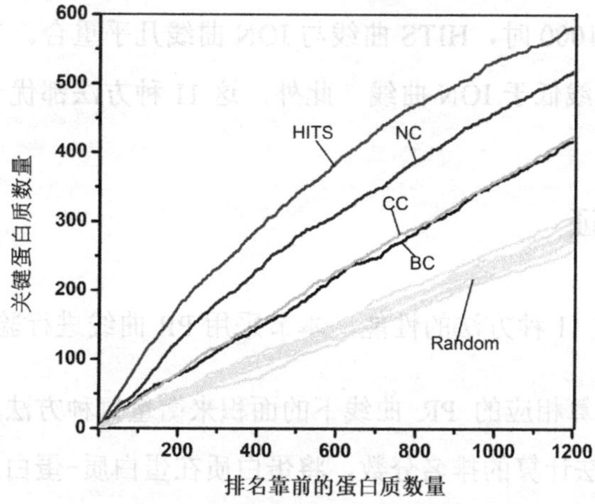

（b）

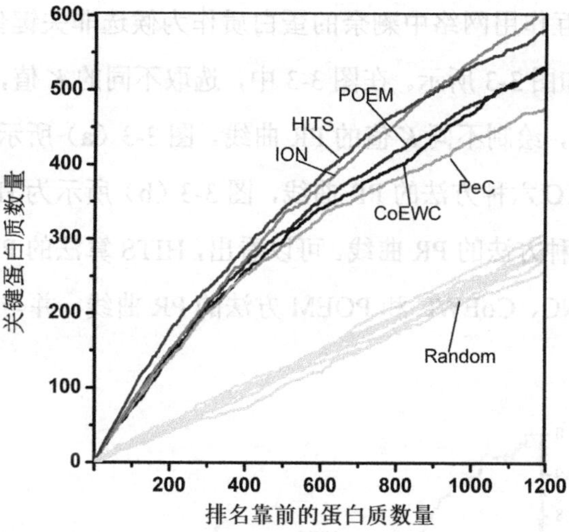

（c）

图 3-2　HITS 算法和其他方法的刀切法曲线的对比结果（续）

图 3-2（a）给出了 HITS 算法与 DC、IC、SC 三种中心性方法的对比结果，可以看出，HITS 算法明显优于这些方法。图 3-2（b）所示为 HITS 算法与 BC、CC、NC 三种中心性方法的对比结果，可以看出，HITS 算法在识别准确率上仍优于这些方法。图 3-2（c）所示为 HITS 算法与其他 4 种整合蛋白质-蛋白质相互作用网络的拓扑特性和多源生物数据融合的方法 CoEWC、PeC、POEM、ION 的对比结果，可以看出，尽管 HITS 算法的性能优势增长缓慢，但 HITS 算法仍然优于其他 4 种方法。当排序

蛋白质数量为900～1000时，HITS曲线与ION曲线几乎重合。当排序蛋白质数量多于1000时，HITS曲线低于ION曲线。此外，这11种方法都优于随机分类方法。

3.3.4 PR曲线验证

为了全面评估这11种方法的性能，本节采用PR曲线进行验证。

这里主要通过计算相应的PR曲线下的面积来衡量每种方法的性能。首先，根据HITS算法和其他方法计算的排名分数，将蛋白质在蛋白质-蛋白质相互作用网络中按照各方法计算的排名分数降序排列；然后，选出前 K 个蛋白质作为候选关键蛋白质，而蛋白质-蛋白质相互作用网络中剩余的蛋白质作为候选非关键蛋白质。K 的取值为1～5093。对比结果如图3-3所示。在图3-3中，选取不同的 K 值，分别用这11种方法计算准确率和召回率，绘制不同 K 值的PR曲线。图3-3（a）所示为HITS算法与NC、DC、IC、EC、BC、CC六种方法的PR曲线，图3-3（b）所示为HITS算法与CoEWC、PeC、POEM、ION四种方法的PR曲线。可以看出，HITS算法的PR曲线明显高于DC、IC、BC、CC、SC、NC、CoEWC和POEM方法的PR曲线，并与ION方法的PR曲线相当。

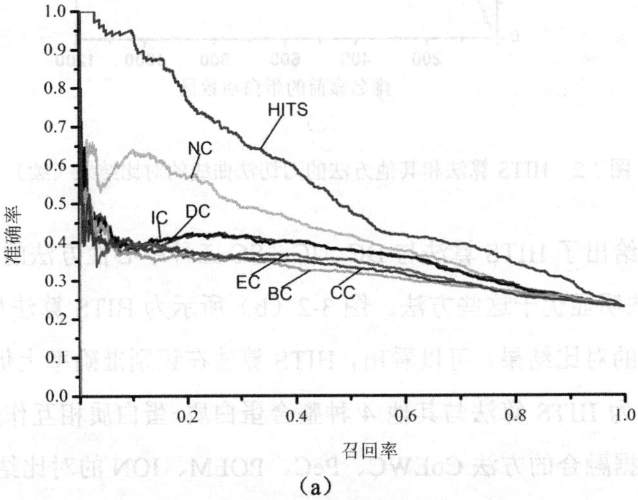

（a）

图3-3 HITS算法与其他10种方法的PR曲线的对比结果

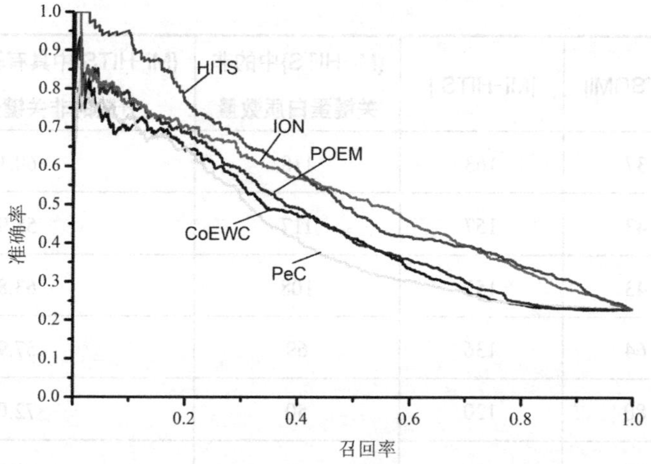

(b)

图 3-3 HITS 算法与其他 10 种方法的 PR 曲线的对比结果（续）

3.3.5 HITS 算法与其他方法的差异性分析

本节比较 11 种方法中排名前 200 的蛋白质，以研究为什么 HITS 算法在识别关键蛋白质方面比其他 10 种方法具有更好的性能。比较的目的是统计 HITS 算法和其他 10 种方法识别的相同蛋白质和不同蛋白质的数量。表 3-1 给出了 HITS 算法与其他 10 种方法识别的排名前 200 的相同蛋白质和不同蛋白质的数量。其中，|HITS∩Mi|表示由 HITS 算法和其他 10 种方法（Mi）预测的相同蛋白质的数量，{Mi−HITS}表示由 Mi 识别而被 HITS 算法忽略的蛋白质的集合，|Mi−HITS|表示集合{Mi−HITS}中的蛋白质数量。

表 3-1 HITS 算法与其他 10 种方法识别的排名前 200 的相同蛋白质和不同蛋白质对比分析

Mi	|HITS∩Mi|	|Mi−HITS |	{Mi−HITS}中的非关键蛋白质数量	{Mi−HITS}中具有较低的 HITS 排名分数的非关键蛋白质的比例
DC	48	152	114	62.28%
IC	48	152	114	60.53%

续表

Mi	|HITS∩Mi|	|Mi−HITS |	{Mi−HITS}中的非关键蛋白质数量	{Mi−HITS}中具有较低的 HITS 排名分数的非关键蛋白质的比例
SC	37	163	118	60.17%
BC	43	157	117	58.97%
CC	43	157	108	63.89%
NC	64	136	69	57.97%
PeC	80	120	50	72.00%
CoEWC	85	115	48	83.33%
POEM	77	123	42	83.33%
ION	101	99	45	82.22%

如表 3-1 所示，在排名前 200 的蛋白质中，HITS 算法和 Mi 识别的蛋白质差异很大。在表 3-1 的第二列中，以 DC、IC、SC、BC、CC 方法为例，HITS 算法与 4 种方法识别的相同蛋白质数量均少于 50，即它们之间的相同率不足 25%。NC 方法与 HITS 算法识别的相同蛋白质所占的比例是 32%。也就是说，它们之间只有很少的相同蛋白质。此外，HITS 算法和 PeC、CoEWC、POEM 方法识别的相同蛋白质所占的比例均低于 45%，而 HITS 算法和 ION 方法识别的相同蛋白质所占的比例略高于 50%，即这 4 种方法识别的蛋白质与 HITS 算法识别的蛋白质之间也只有少量相同。表 3-1 的第二列和第三列的结果表明，与其他方法相比，HITS 算法是一种有效的方法。

由表 3-1 的第四列可以看出，在 DC、IC、SC、BC 四种方法识别的而 HITS 算法没有识别的不同蛋白质中，超过 55%是非关键蛋白质。此外，由表 3-1 的最后一列可以明显看出，在 DC、IC、SC、BC 和 CC 方法识别的排名前 200 的蛋白质中，超过 55%的非关键蛋白质的 HITS 排名分数较低（低于 0.1）。对于 PeC 方法，72%的非关键蛋白质的 HITS 排名分数较低（低于 0.1）。在 CoEWC、POEM 和 ION 方法识别的排名前 200 的蛋白质中，83.33%的非关键蛋白质的 HITS 排名分数较低（低于 0.1）。

这意味着，HITS 算法可以识别到更多被其他方法忽略的关键蛋白质并排除大量的非关键蛋白质。由此可见，HITS 算法在识别关键蛋白质方面具有良好的性能。

为了进一步分析 HITS 算法的性能，我们观察了 HITS 算法和其他 10 种方法识别的不同蛋白质中关键蛋白质的比例。如图 3-4 所示，与这些方法相比，HITS 算法可以识别更多的不同关键蛋白质。

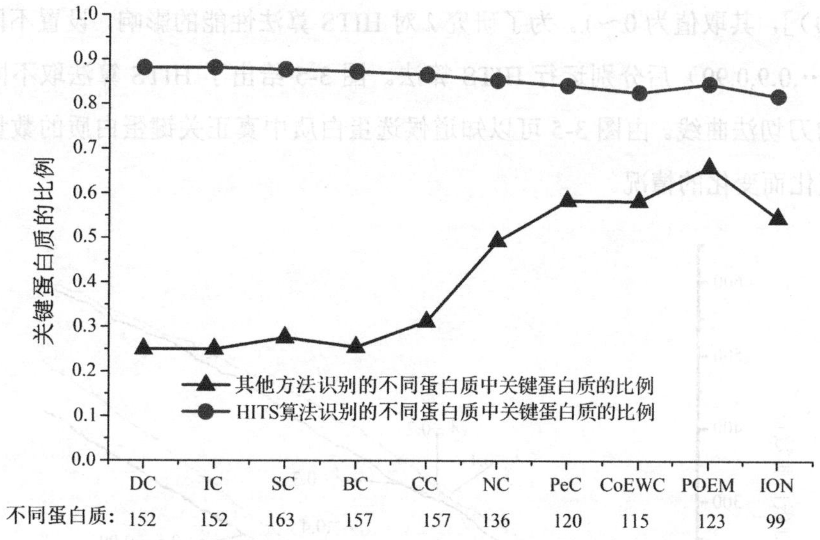

图 3-4　HITS 算法与其他 10 种方法识别的不同蛋白质中关键蛋白质的比例

这里选择 ION 和 SC 方法作为两个实例进行分析，因为它们分别与 HITS 算法识别的蛋白质具有最小和最大的差异数。值得注意的是，DC 和 IC 方法识别的不同蛋白质数量与 BC 和 CC 方法识别的不同蛋白质数量是相同的。与 SC 方法相比，在排名前 200 的蛋白质中，HITS 算法识别到而被 SC 方法忽略的不同蛋白质有 163 个。在这些蛋白质中，大约 86%是关键蛋白质。相比之下，SC 方法识别到而被 HITS 算法忽略的不同蛋白质中只有约 28%是关键蛋白质。在另一个实例中，有 99 个不同蛋白质被 HITS 算法识别而被 ION 方法忽略。在这些蛋白质中，HITS 算法可以识别近 80%的关键蛋白质，而 ION 方法识别到却被 HITS 算法忽略的不同蛋白质中只有不到 55%是关键蛋白质。我们可以从与其他 8 种方法（DC、IC、BC、CC、NC、PeC、CoEWC

和 POEM）的对比中获得类似的结果。这些统计结果不难解释为什么 HITS 算法在关键蛋白质识别中可以达到很高的准确率。

3.3.6 参数λ分析

在 HITS 算法中，蛋白质的排名分数与参数λ相关联［λ用于式（3-9）和式（3-10）］，其取值为 0～1。为了研究λ对 HITS 算法性能的影响，设置不同的λ值（0.1,0.2,⋯,0.9,0.99）后分别运行 HITS 算法。图 3-5 给出了 HITS 算法取不同的λ值时得到的刀切法曲线。由图 3-5 可以知道候选蛋白质中真正关键蛋白质的数量随着参数λ的变化而变化的情况。

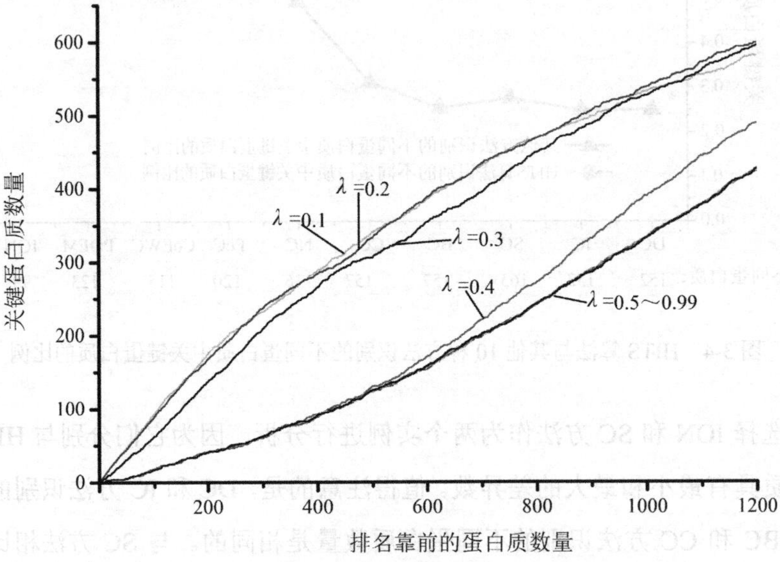

图 3-5　参数λ分析

如图 3-5 所示，当λ取 0.1～0.3 时，HITS 算法的识别效果比在λ取 0.4～0.99 时的识别效果更好。为了进一步分析参数λ对 HITS 算法性能的影响，我们有两组参数λ的值：第一组是λ取 0.1～0.3，第二组是λ取 0.4～0.99。在所有的排序蛋白质中，于第 850 个蛋白质附近，当λ为 0.1 或 0.2 时，其曲线重合部分较多；而λ为 0.3 的

曲线与 λ 为 0.1 和 0.2 的两条曲线几乎不重合。然而，当蛋白质数量少于 850 时，这些曲线的趋势逐渐接近。即便如此，当 λ 为 0.1 时，曲线总是在顶部。因此，在该组中，我们认为 λ 的最优值应为 0.1。在第二组中，当蛋白质数量少于 460 时，它们的曲线几乎重合；当蛋白质数量多于 460 后，只有 λ 为 0.4 时的曲线优于其他曲线，其他曲线在第二组中仍然重合。此外，第二组的所有曲线都在第一组的下方。因此，在该组中，我们认为 λ 的最优值为 0.1。

3.4 结论

关键蛋白质在合成生物学、疾病的诊断和治疗、药物设计中起着至关重要的作用。本章提出了一种基于 HITS 算法的关键蛋白质识别的迭代方法。该方法引入了权威分数和枢纽分数来评估关键蛋白质的重要性。权威分数反映了关键蛋白质的保守性，这是由蛋白质同源信息决定的。而由蛋白质亚细胞定位信息得出的枢纽分数则代表关键蛋白质的功能特征。在迭代过程中，蛋白质的权威分数和枢纽分数相互影响。关键蛋白质的排名分数是最终权威分数和枢纽分数的乘积。在这种方法中，我们只引入了一个自定义参数。为了测试新方法的性能，我们在酿酒酵母蛋白质-蛋白质相互作用网络上运行了该方法和其他 10 种方法。实验结果表明，HITS 算法是一种不同于现有方法的关键蛋白质识别方法，其优于其他方法。

参考文献

[1] SCHNEIDER G. Mind and machine in drug design[J]. Nature Machine Intelligence, 2019, 1(3): 128.

[2] ZENG X, LIAO Y, LIU Y, et al. Prediction and validation of disease genes using HeteSim Scores[J]. IEEE/ACM Transactions on Computational Biology and Bioinformatics, 2017, 14(3): 687-695.

[3] NARASIMHAN V M, HUNT K A, MASON D, et al. Health and population effects of rare gene knockouts in adult humans with related parents[J]. Science, 2016, 352(6284): 474-477.

[4] INOUYE M. The first demonstration of RNA interference to inhibit mRNA function[J]. Gene, 2016, 592(2): 332-333.

[5] BAYM M, SHAKET L, ANZAI I A, et al. Rapid construction of a whole-genome transposon insertion collection for shewanella oneidensis by knockout sudoku[J]. Nature Communications, 2016, 7: 13270.

[6] HAHN M W, KERN A D. Comparative genomics of centrality and essentiality in three eukaryotic protein-interaction networks[J]. Molecular Biology and Evolution, 2004, 22(4): 803-806.

[7] STEPHENSON K, ZELEN M. Rethinking centrality: methods and examples[J]. Social Networks, 1989, 11: 1-37.

[8] STEFAN W, STADLER P F. Centers of complex networks[J]. Journal of Theoretical Biology, 2003, 223(1): 45-53.

[9] MALIACKAL P J, AMY B, DONALD E I, et al. High-betweenness proteins in the yeast protein interaction network[J]. Journal of Biomedicine & Biotechnology, 2005, 2005(2): 96-103.
[10] ERNESTO E, RODRÍGUEZ-VELÁZQUEZ J A. Subgraph centrality in complex networks[J]. Physical Review E Statistical Nonlinear & Soft Matter Physics, 2005, 71(5): 122-133.
[11] WANG J X, LI M, WANG H, et al. Identification of essential proteins based on edge clustering coefficient[J]. IEEE/ACM Transactions on Computational Biology and Bioinformatics, 2012, 9(4): 1070-80.
[12] LI M, ZHANG H, WANG J X, et al. A new essential protein discovery method based on the integration of protein-protein interaction and gene expression data[J]. BMC Systems Biology, 2012, 6(1): 15.
[13] ZHANG X, XU J, XIAO W. A new method for the discovery of essential proteins[J]. PLoS One, 2013, 8(3): e58763.
[14] ZHAO B, WANG J, LI M, et al.Prediction of essential proteins based on overlapping essential modules[J]. IEEE Transactions on NanoBioscience, 2014, 13(4): 415-424.
[15] PENG W, WANG J, WANG W, et al. Iteration method for predicting essential proteins based on orthology and protein-protein interaction networks[J]. BMC Systems Biology, 2012, 6(1): 87.
[16] LI M, LU Y, NIU Z, et al. United complex centrality for identification of essential proteins from PPI networks[J]. IEEE/ACM Transactions on Computational Biology and Bioinformatics, 2017, 14(2): 370-380.
[17] LUO J, WU J. A new algorithm for essential proteins identification based on the integration of protein complex co-expression information and edge clustering coefficient[J]. International Journal of Data Mining and Bioinformatics, 2015, 12(3): 257-274.

[18] ZHAO B, WANG J, LI X, et al. Essential protein discovery based on a combination of modularity and conservatism[J]. Methods, 2016, 110: 54-63.

[19] LEI X, YANG X, WU F. Artificial fish swarm optimization based method to identify essential proteins[J]. IEEE/ACM Transactions on Computational Biology and Bioinformatics, 2018.

[20] LI G, LI M, WANG J, et al. United neighborhood closeness centrality and orthology for predicting essential proteins[J]. IEEE/ACM Transactions on Computational Biology and Bioinformatics, 2018.

[21] ZENG M, LI M, FEI Z, et al. A deep learning framework for identifying essential proteins by integrating multiple types of biological information[J]. IEEE/ACM Transactions on Computational Biology and Bioinformatics, 2019.

[22] CHUA H N, SUNG W K, WONG L. Exploiting indirect neighbours and topological weight to predict protein function from protein-protein interactions[J]. Bioinformatics, 2006, 22(13): 1623-1630.

[23] XENARIOS I, SALWINSKI L, DUAN X J, et al. DIP, the Database of Interacting Proteins: a research tool for studying cellular networks of protein interactions[J]. Nucleic Acids Research, 2002, 30(1): 303-305.

[24] TU B P, KUDLICKI A, ROWICKA M, et al. Logic of the yeast metabolic cycle: temporal compartmentalization of cellular processes[J]. Science, 2005, 310(5751): 1152-1158.

[25] BINDER J X, PLETSCHER-FRANKILD S, TSAFOU K, et al. COMPARTMENTS: unification and visualization of protein subcellular localization evidence[J]. Database, 2014.

[26] GABRIEL O, THOMAS S, KRISTOFFER F, et al. InParanoid 7: new algorithms and tools for eukaryotic orthology analysis[J]. Nucleic Acids Research, 2010, 38(Database issue): D196-203.

[27] MEWES H W, FRISHMAN D, MAYER K F X, et al. MIPS: analysis and annotation of proteins from whole genomes in 2005[J]. Nucleic Acids Research, 2006, 34: D169-D172.

[28] CHERRY J M. SGD: saccharomyces genome database[J]. Nucleic Acids Research, 1998,26: 9.

[29] ZHANG R, LIN Y. DEG 5.0, a database of essential genes in both prokaryotes and eukaryotes[J]. Nucleic Acids Research, 2009, 37: D455-D458.

[30] CHEN W H, MINGUEZ P, LERCHER M J, et al. OGEE: an online gene essentiality database[J]. Nucleic Acids Research, 2012, 40(D1): D901-D906.

[31] HOLMAN A G, DAVIS P J, FOSTER J M, et al. Computational prediction of essential genes in an unculturable endosymbiotic bacterium, wolbachia of brugia malayi[J]. BMC Microbiology, 2009, 9(1): 243.

第 4 章

基于张量和HITS算法的关键蛋白质识别

4.1 引言

蛋白质在细胞的生命活动中起着重要的作用，而关键蛋白质是指如果缺少这些蛋白质，就会导致细胞死亡或细胞不育。因此，关键蛋白质的识别不仅对了解生物体结构具有重要意义，还对药物的作用靶点的检测[1]和遗传病的预防[2]具有重要意义。识别关键蛋白质的方法一般可分为两类：一类是使用实验技术，包括单基因敲除[3]、RNA干扰[4]和几种微生物的全基因组转座突变[5]，其缺点是生物实验的价格昂贵；另一类是计算方法，其成本远低于实验技术类方法的成本。基于蛋白质-蛋白质相互作用网络的拓扑特性，人们提出了很多用于识别关键蛋白质的计算方法，如 DC[6]、IC[7]、CC[8]、BC[9]、SC[10]和 NC[11]等。蛋白质-蛋白质相互作用网络的质量在很大程度上影响着这些方法的识别准确率。遗憾的是，从高通量生物学实验中获得的大多数蛋白质-蛋白质相互作用网络是不可靠和不完整的。特别是有很高比例的蛋白质-蛋白质相互作用网络存在假阳性。因此，研究者引入了一些生物学数据，如序列数据、蛋白质结构域、基因表达谱、蛋白质复合物和 GO 注释，用于辅助识别关键蛋白质。例如，Hsing 等[12]开发了一种基于 GO 注释和相互作用数据预测高连接中心节点的方法。Ren 等[13]提出了一种融合蛋白质-蛋白质相互作用网络拓扑和蛋白质复合物信息的关键蛋白质识别模型。Zaki 等[14]根据网络中蛋白质之间的进化关系和相互作用结构，提出了一种蛋白质排序（ProRank）算法以量化每个蛋白质的显著性。Li 等[15]提出了一种基于蛋白质-蛋白质相互作用网络并结合复杂中心性的关键蛋白质识别模型。Peng 等[16]通过整合酿酒酵母中的蛋白质结构域信息和蛋白质-蛋白质相互作用网络，提出了一种识别模型 UDoNC。结果表明，具有更多类型蛋白质结构域的蛋白质往往是关键蛋白质。Li 等和 Zhang 等分别开发了 PeC[17]、CoEWC[18]两个识别模型，通过整合基因表达谱信息与蛋白质-蛋白质相互作用网络的拓扑特性识别关键蛋白质。Zhao 等[19]提出了一种可以衡量蛋白质关键性的模型 POEM，基于所需的蛋白质模块化程度检测相同的关键模块。

上述方法通过整合蛋白质-蛋白质相互作用网络和多源生物数据提高了识别准确率。它们通常通过聚合多源生物数据来构建一个可靠的单一网络。然而，这些方法忽略了多源生物数据之间的内在相关性。此外，不同类型的相互作用可能对关键蛋白质的识别有不同的影响。为了解决这一问题，我们使用张量来表示蛋白质的多重生物网络[20]，其中，两个蛋白质之间存在多种类型的相互作用，并且每种相互作用都有其独特的性质。将 HITS 算法从二维矩阵扩展到三维张量模型进行蛋白质分数排序。

张量[21]是一种特殊的向量，它扩展了向量。当张量为一阶时，它等价于一个向量。然而，当张量的阶变高时，它就不等价于高阶向量了。二阶张量是一个矩阵，三阶或更高阶张量统称为高阶张量。显然，张量很适合作为描述复杂网络的数据模型。因此，我们根据张量的概念提出了一种基于张量和 HITS 算法[22]的关键蛋白质识别方法。首先将酿酒酵母的 GO 注释、蛋白质结构域和蛋白质-蛋白质相互作用网络融合，建立张量模型。然后将 HITS 算法从二维矩阵扩展到张量模型并用来识别关键蛋白质。与现有方法（PeC、CoEWC 和 POEM[23]）不同，蛋白质的重要性和相互作用的类型都将有助于关键蛋白质的识别。此外，在迭代过程中，蛋白质-蛋白质相互作用的类型和蛋白质分数会相互影响，同时考虑从蛋白质同源信息中获得的蛋白质保守特征和从蛋白质亚细胞定位信息中获得的功能特征来生成初始概率向量[24]。最后，采用 DIP 数据[25]来评估该方法的识别性能。实验结果表明，该方法优于其他中心性方法（如 DC[6]、IC[7]、CC[8]、BC[9]、SC[10]、NC[11]）与同时集成网络拓扑特性和多源生物数据的 3 种方法（PeC、CoEWC 和 POEM）。

4.2 HEPT方法

4.2.1 构建蛋白质-蛋白质相互作用张量

邻接矩阵 $\boldsymbol{A}$ 可用于表示蛋白质-蛋白质相互作用网络，其中，一个元素表示一对蛋白质之间是否存在相互作用。由于引入了多源生物数据，一对蛋白质之间可能存在不止一种相互作用，因此矩阵不适合描述蛋白质之间的复杂关系。于是采用张量扩展矩阵。从图 4-1 中可以明显看出，张量比矩阵更适合描述具有多重关系的复杂网络。

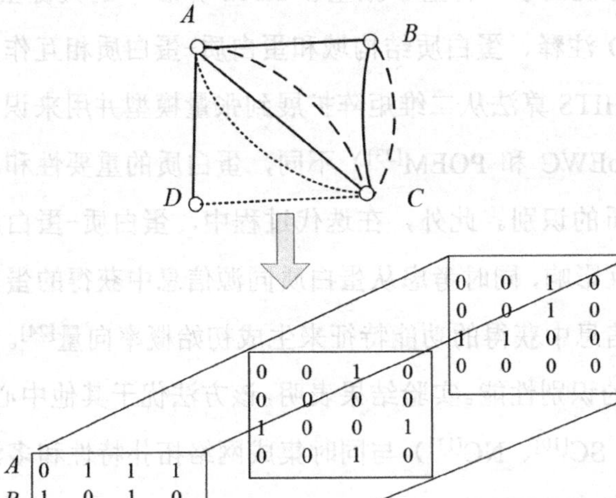

图 4-1　张量表示

图 4-1 展示了一个有 4 个节点、8 条边（3 种边）的多重网络。在图 4-1 的下方，每个页面代表一种连接。

我们结合蛋白质-蛋白质相互作用网络的拓扑特性、蛋白质结构域信息和 GO 注释，首先建立了单节点多关系蛋白质张量 ***T***。这里，单节点是蛋白质，多关系是基于拓扑特性分析的蛋白质对之间建立的共邻居（Co-Neighbors）关系、基于蛋白质结构域信息建立的共结构域（Co-Structure）关系和基于 GO 注释建立的共注释（Co-Annotation）关系。下面详细描述这些关系的形成过程。

1. 建立共邻居关系

通过高通量技术获得的蛋白质-蛋白质相互作用数据是不完整的，网络拓扑特性分析可以在一定程度上克服这些问题。直觉上，两个蛋白质之间的共享邻居越多，它们相互作用的可能性就越大。在本书中，如果蛋白质 p_i 和 p_j 至少有一个共同的邻居，则认为它们是有联系的。蛋白质之间的这种联系是第一种关系，称为共邻居关系，其计算方法如下[23]：

$$\mathrm{Co\_N}(p_i,p_j)=\begin{cases}\dfrac{\left|N_i\cap N_j\right|^2}{(\left|N_i\right|-1)(\left|N_j\right|-1)}, & \left|N_i\right|,\ \left|N_j\right|>1\\ 0, & \text{其他}\end{cases} \tag{4-1}$$

其中，N_i 和 N_j 分别表示蛋白质 p_i 与 p_j 的邻居集合。

2. 建立共结构域关系

结构域可能是挖掘蛋白质之间关系的另一条线索，它是蛋白质、序列和结构基序在不同蛋白质中独立存在的稳定功能模块。实现细胞功能需要蛋白质在很多结构域的合作。因此，可以假设具有相同结构域的蛋白质可能相互作用，具有相同或相似的功能。

第一步，计算蛋白质的结构域分数 P_D：

$$P\_D(p_i)=\frac{\sum_{j=1}^{|DO|}\frac{1}{NP_j}\cdot t_{ij}-\min_{1\leqslant k\leqslant|P|}(\sum_{j=1}^{|DO|}\frac{1}{NP_j}\cdot t_{kj})}{\max_{1\leqslant k\leqslant|P|}(\sum_{j=1}^{|DO|}\frac{1}{NP_j}\cdot t_{kj})-\min_{1\leqslant j\leqslant|P|}(\sum_{j=1}^{|DO|}\frac{1}{NP_j}\cdot t_{kj})} \tag{4-2}$$

其中，P 是蛋白质的集合；DO 是所有蛋白质中不同结构域的集合；NP_j 是包含结构域 d_j 的蛋白质数量。如果蛋白质含有结构域 d_j，则有 $t_{ij}=1$；否则，$t_{ij}=0$。此外，就蛋白质结构域的出现频率而言，结构域分数是蛋白质存在的重要概率。在本项研究中，假设基于结构域的不同蛋白质的基本概率是相互独立的。

第二步，计算蛋白质对之间的共结构域概率。

基于上述假设，如果蛋白质 p_i 和 p_j 至少有一个相同的结构域，则可以认为它们是有联系的。蛋白质之间的这种联系是第二种关系，称为共结构域关系，其计算方法如下：

$$Co\_S(p_i,p_j)=P\_D(p_i)\cdot P\_D(p_j) \tag{4-3}$$

3. 建立共注释关系

考虑到蛋白质在分子处理阶段参与某一功能模块，并与功能模块内其他蛋白质一起执行功能。也就是说，多个蛋白质可能通过参与同一个功能模块来共享功能。因此，可以使用 GO 注释来补充蛋白质-蛋白质相互作用网络中的交互。对于蛋白质-蛋白质相互作用网络中的任意两个蛋白质 p_i 和 p_j，设 F_i、F_j 分别表示 p_i 和 p_j 的功能集，Co_A (p_i, p_j)表示这两个蛋白质共享功能的概率，则可得

$$Co\_A(p_i,p_j)=\begin{cases}\sqrt{\dfrac{|F_i\cap F_j|^2}{|F_i|\cdot|F_j|}}, & |F_i|,|F_j|>0\\ 0, & \text{其他}\end{cases} \tag{4-4}$$

其中，$F_i\cap F_j$ 表示蛋白质 p_i 和 p_j 共享功能的集合。

建立蛋白质之间的 3 种关系后，可以对张量 $\boldsymbol{T}$ 进行相应设置，如图 4-2 所示。

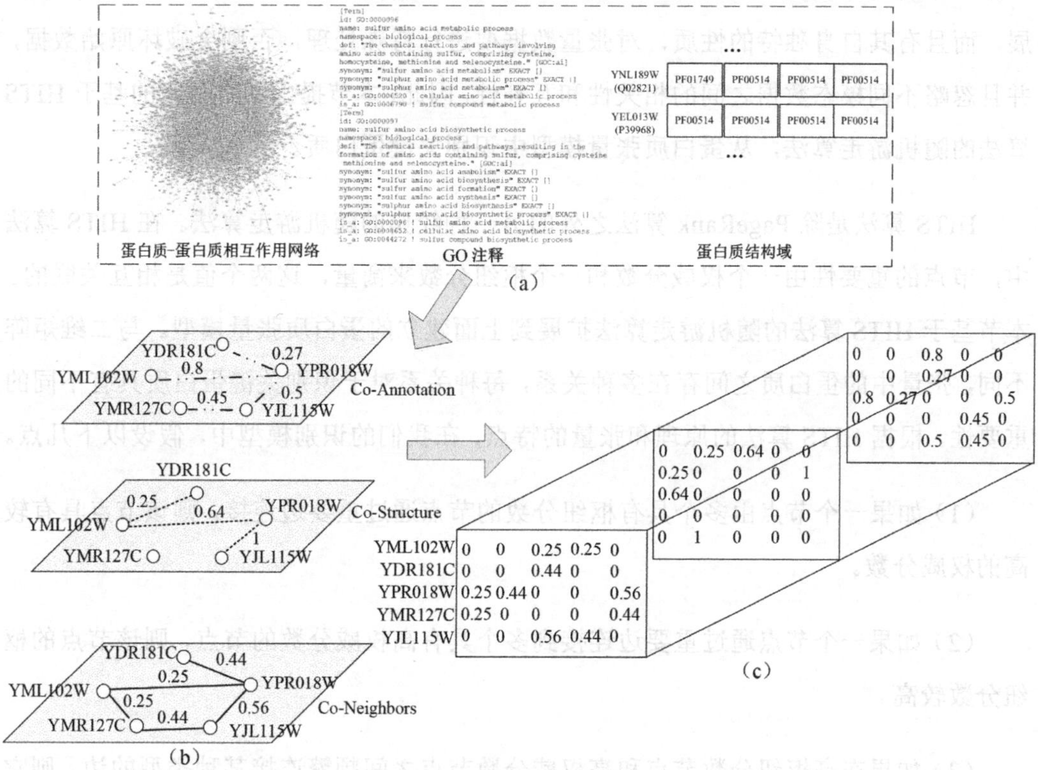

图 4-2　张量构建实例

图 4-2 给出了这项工作中构造张量的一个实例。图 4-2（a）所示为输入的蛋白质-蛋白质相互作用网络和多源生物数据，图 4-2（b）所示为分别建立的蛋白质之间的 3 种关系，图 4-2（c）所示为构建的三维蛋白质张量 $\boldsymbol{T}$。

4.2.2　基于张量 T 识别关键蛋白质

由于蛋白质-蛋白质相互作用网络具有无标度特性和节点对之间的无限距离等小世界特性，因此随机游走模型被广泛应用于蛋白质-蛋白质相互作用网络的识别研究中。实验结果也证明了，这种基于二维矩阵的迭代方法具有优异的性能。在将蛋白质-蛋白质相互作用网络与多源生物数据结合起来建立一个张量模型之后，下一个关键步骤是将随机游走算法扩展到多维张量。考虑到张量不但是向量和矩阵的简单扩展，而且有其自身独特的性质，对张量数据要进行特殊处理，否则会破坏原始数据，并且忽略不同模态数据之间的相关性和互补性。因此，本节提出了一种新的基于 HITS 算法的随机游走算法，从蛋白质张量模型中识别关键蛋白质。

HITS 算法是除 PageRank 算法之外的另一种经典的随机游走算法。在 HITS 算法中，节点的重要性由一个权威分数和一个枢纽分数来衡量，这两个值是相互关联的。本节基于 HITS 算法的随机游走算法扩展到上面建立的蛋白质张量模型。与二维矩阵不同，张量中的蛋白质之间存在多种关系，每种关系对于识别关键蛋白质具有不同的重要性。根据 HITS 算法的原理和张量的特点，在我们的识别模型中，假设以下几点。

（1）如果一个节点由多个具有枢纽分数的节点通过重要边连接，则该节点具有较高的权威分数。

（2）如果一个节点通过重要边连接到多个具有高权威分数的节点，则该节点的枢纽分数较高。

（3）如果在高枢纽分数节点和高权威分数节点之间频繁连接某种类型的边，则它具有更高的重要性。

为方便起见，分别用 **VA**、**VH** 和 **VE** 表示节点权威分数向量、节点枢纽分数向量和不同类型边的重要性分数向量。**VA** 和 **VH** 中的元素初始化为 1/*n*，**VE** 中的元素初始化为 1/*m*。其中，*N* 表示节点数，*m* 表示节点间边的类型数。如上所述，在我们新构建的蛋白质-蛋白质相互作用网络中有 3 种不同类型的边，因此 *m*=3。

通过对张量 $\boldsymbol{T}$ 进行归一化运算，可以得到 3 个概率传递张量 $\boldsymbol{T}^{(a)}$、$\boldsymbol{T}^{(h)}$和 $\boldsymbol{T}^{(e)}$，分别对应向量 **VA**、**VH** 和 **VE**。计算公式如下：

$$t_{i,j,k}^{(a)}=\begin{cases}\dfrac{t_{i,j,k}}{\sum_{i=1}^{n}t_{i,j,k}}, & \sum_{i=1}^{n}t_{i,j,k}>0\\ 1/n, & \text{其他}\end{cases} \tag{4-5}$$

$$t_{i,j,k}^{(\mathrm{h})}=\begin{cases}\dfrac{t_{i,j,k}}{\sum\limits_{j=1}^{n}t_{i,j,k}}, & \sum\limits_{j=1}^{n}t_{i,j,k}>0\\ 1/n, & \text{其他}\end{cases} \tag{4-6}$$

$$t_{i,j,k}^{(\mathrm{e})}=\begin{cases}\dfrac{t_{i,j,k}}{\sum\limits_{k=1}^{m}t_{i,j,k}}, & \sum\limits_{k=1}^{m}t_{i,j,k}>0\\ 1/m, & \text{其他}\end{cases} \tag{4-7}$$

对于第 t 次迭代，算法 4-1 的 Step 6～Step 8 计算 3 个向量 **VA**、**VH** 和 **VE**。

算法 4-1：HEPT

Input： A PPI network G, protein domain, GO annotation, orthology datasets, subcellular localization datasets; Stopping threshold ε

Output： Top N proteins sorted by **VA** in descending order

Step 1. Construct the tensor T according to Equation（4-1）～Equation（4-4）

Step 2. Calculate jump probability vector D with Equation（4-8）～Equation（4-11）

Step 3. Construct two transition probability tensors $\boldsymbol{T}^{(\mathrm{a})}$，$\boldsymbol{T}^{(\mathrm{h})}$and $\boldsymbol{T}^{(\mathrm{e})}$ with Equation（4-5）～Equation（4-8）

Step 4. Initialize $\mathrm{VA}_0=1/n$, $\mathrm{VH}_0=1/n$, $\mathrm{VE}_0=1/m$

Step 5. Let $t=1$

Step 6. Calculate $\mathbf{VA}_t=(1-\alpha)\times\boldsymbol{D}+\alpha\times\boldsymbol{T}^{(\mathrm{a})}\times\mathbf{VH}_{t-1}\mathbf{VE}_{t-1}$

Step 7. Calculate $\mathbf{VH}_t=\boldsymbol{T}^{(\mathrm{h})}\times\mathbf{VA}_t\times\mathbf{VE}_{t-1}$

Step 8. Calculate $\mathbf{VE}_t=\boldsymbol{T}^{(\mathrm{e})}\times\mathbf{VA}_t\times\mathbf{VH}_t$

Step 9. if $\|\mathbf{VA}_t-\mathbf{VA}_{t-1}\|+\|\mathbf{VH}_t-\mathbf{VH}_{t-1}\|+\|\mathbf{VE}_t-\mathbf{VE}_{t-1}\|\geqslant\varepsilon$, then let **VA**=**VA**$_t$, **VH**=**VH**$_t$,

VE=**VE**$_t$. otherwise, let t=t+1, and then go to Step 6

Step 10. Sort proteins by the value of **VA** in the descending order

Step 11. Output top N of sorted proteins

在算法 4-1 的 Step 6 中，α 为调整参数，$\boldsymbol{D}$ 为跳跃概率向量，其值由蛋白质的同源性分数 $I(i)$和亚细胞定位分数 $S(i)$决定：

$$D = I(i)S(i) \tag{4-8}$$

其中，蛋白质 p_i 的同源性分数可计算如下：

$$I(i) = \frac{I(i)}{\max\limits_{1 \leqslant j \leqslant n}(I(j))} \tag{4-9}$$

在式（4-9）中，分子是该蛋白质在参考物种中拥有直系同源蛋白质的次数；分母是含有该直接蛋白质的所有蛋白质在参考物种中拥有直系同源蛋白质的最大次数。

蛋白质 p_i 的亚细胞定位分数计算如下：

$$S(i) = \max_{j \in d(i)}(\mathrm{F\_S}(j)) \tag{4-10}$$

其中，$d(i)$是蛋白质 p_i 的亚细胞集合；F_S(j)是第 j 个亚细胞的分数，其计算如下：

$$\mathrm{F\_S}(j) = \frac{|p_j|}{\max\limits_{1 \leqslant k \leqslant n}(|p_k|)} \tag{4-11}$$

其中，分子是含有亚细胞 j 的蛋白质数量；分母是所有亚细胞中包含的蛋白质最大数量。

当迭代达到稳定状态时，蛋白质按照向量 **VA** 降序排列。

综上所述，我们通过结合蛋白质-蛋白质相互作用网络和多源生物数据建立了一个蛋白质-蛋白质相互作用张量，并在此张量上运行 HITS 算法，提出了 HEPT 方法。

4.3 实验结果和分析

4.3.1 实验数据

我们在酿酒酵母蛋白质-蛋白质相互作用网络上分析 HEPT 方法的性能。酿酒酵母在单细胞中是最完整和可靠的，它的特性已经被敲除实验很好地证明了。我们在 DIP 网络上详细分析了 HEPT 方法和其他方法，实验结果证实了 HEPT 方法的有效性。在过滤掉自相互作用和重复相互作用后，DIP 网络包括 5093 个蛋白质和 24743 种相互作用。此外，结构域数据 Pfam[26]数据库中的 3042 个蛋白质中有 1107 种不同类型。蛋白质 GO 注释数据为 GO 官网下载的当时的最新版本[27]。为了避免过于具体或笼统，我们只使用注释了至少 10 个或至多 200 个蛋白质的 GO 条目进行实验验证，处理后的 GO 条目数量为 267。

此外，计算蛋白质的亚细胞定位分数的蛋白质亚细胞定位信息从 COMPARTMENTS 数据库中收集[28]。蛋白质同源信息从 InParanoid 数据库（Version 7[29]）取得，包含了 100 个全基因组（99 个真核生物和 1 个原核生物）的两两比较。此外，实验中使用的基准关键蛋白质数据集是从 MIPS[30]、SGD[31]、DEG[32]和 SGDP[33]数据库中获得的。在 1285 个基准关键蛋白质中，DIP 网络涉及 1167 个关键蛋白质。

4.3.2 参数 α 分析

在本项研究中，我们在算法 4-1 的 Step 6 中引入参数 α（$0 \leqslant \alpha \leqslant 1$）。本节采用 PR 曲线来评估参数 α 对 HEPT 方法性能的影响。图 4-3 显示了将参数 α 设置为不同值时的对比结果。排名靠前的若干识别关键蛋白质被用来衡量识别准确率。通过观察图 4-3

很容易看出，当将 α 设置为 0.3 时，HEPT 方法可以获得最高的识别准确率。

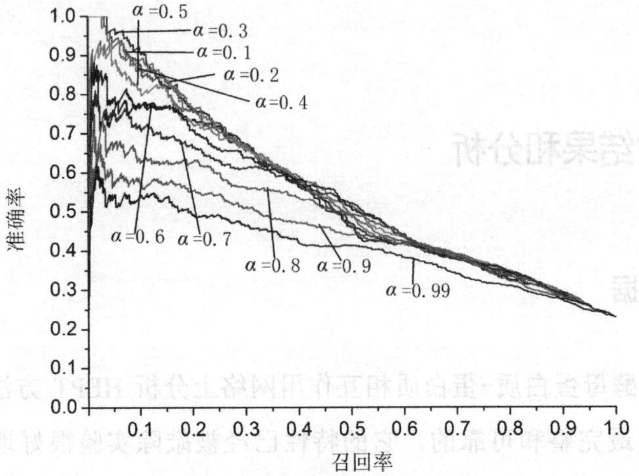

图 4-3　参数 α 分析

4.3.3　与其他方法进行对比

本节通过对 HEPT 方法与一组具有代表性的识别关键蛋白质的方法（包括 DC、IC、BC、CC、SC、NC、PeC、CoEWC 和 POEM）进行全面的对比，验证了 HEPT 方法的性能。根据不同方法计算的排名分数，对蛋白质进行排序。在实验过程中，使用一定数量的排名靠前的蛋白质作为候选关键蛋白质，区分其中有多少是真正的关键蛋白质。HEPT 方法和其他 9 种方法在 DIP 网络上检测到的关键蛋白质数量对比如图 4-4 所示。

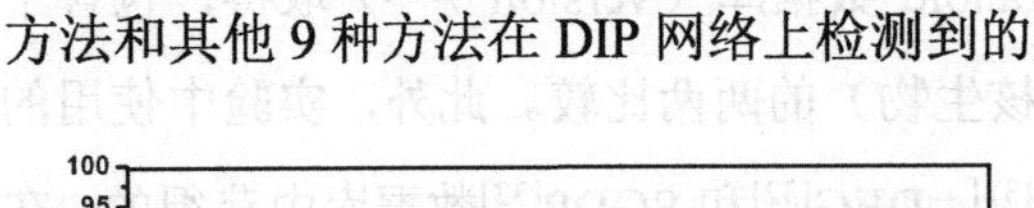

（a）前 100

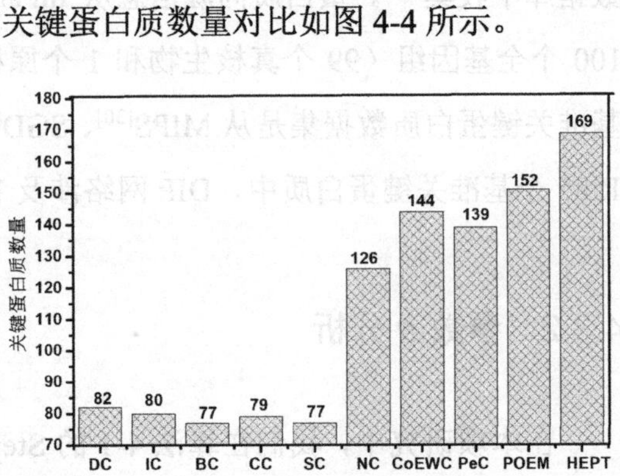

（b）前 200

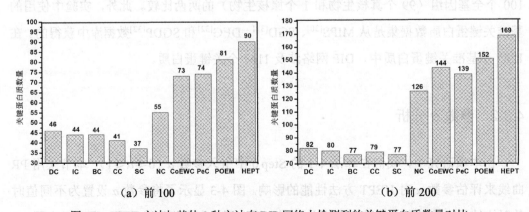

图 4-4　HEPT 方法与其他 9 种方法在 DIP 网络上检测到的关键蛋白质数量对比

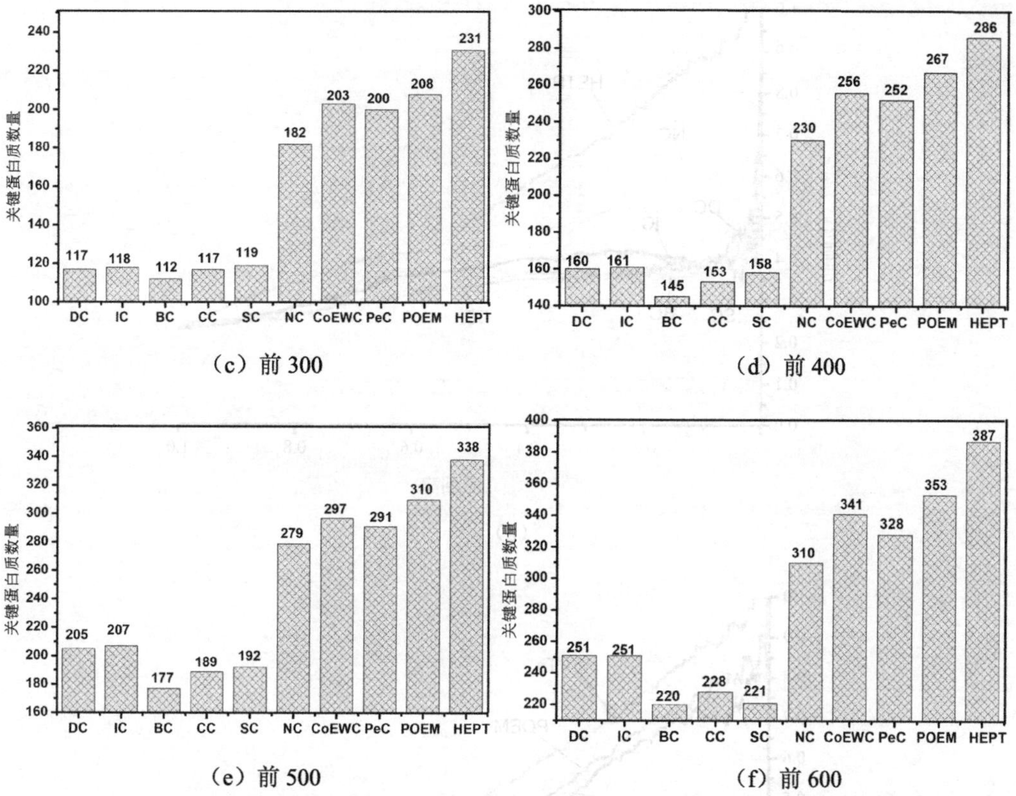

图 4-4 HEPT 方法与其他 9 种方法在 DIP 网络上检测到的关键蛋白质数量对比（续）

很明显，HEPT 方法优于其他 9 种方法。在排名前 100～前 600 的蛋白质中，HEPT 方法的性能分别比 NC 方法的性能提高了 63.64%、34.13%、26.92%、24.35%、21.15% 和 24.84%。

4.3.4 PR 曲线验证

本节使用 PR 曲线评估每种方法的总体性能。在实验过程中，首先根据每种方法计算的排名分数，对蛋白质-蛋白质相互作用网络中的蛋白质进行降序排列；然后选择排名靠前的 *K* 个蛋白质作为候选关键蛋白质（阳性数据集），剩下的蛋白质作为候选非关键蛋白质（阴性数据集），*K* 的取值为 1～5093，分别计算不同 *K* 值下每种方法的准确率和召回率；最后根据不同 *K* 值下的准确率与召回率绘制 PR 曲线，如图 4-5 所示。

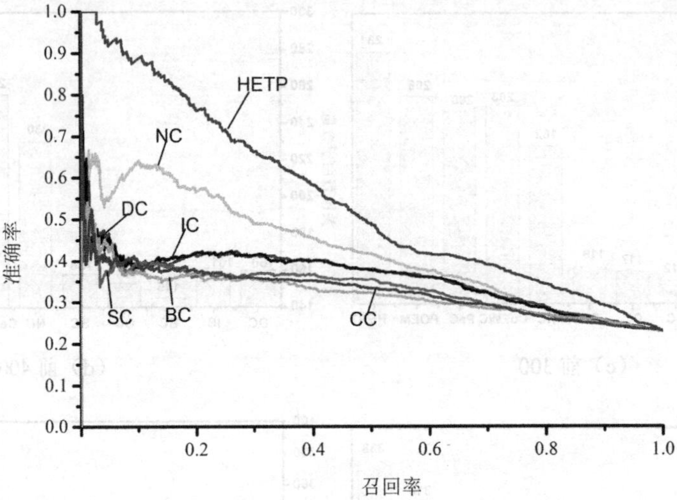

（a）

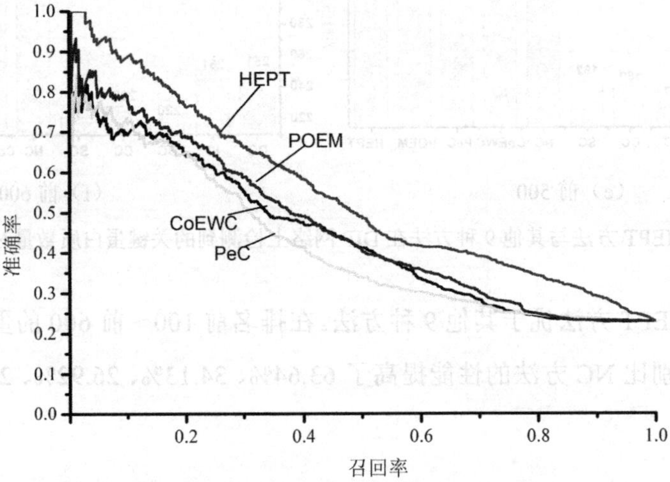

（b）

图 4-5　HEPT 方法与其他方法的 PR 曲线

图 4-5（a）显示了 HEPT 方法和 6 种基于网络拓扑的中心方法（DC、IC、BC、CC、SC 和 NC）的 PR 曲线。图 4-5（b）所示为 HEPT 方法和其他 4 种方法（PeC、CoEWC 和 POEM）的 PR 曲线。从图 4-5 中可以看出，基于 PR 曲线进行分析，HEPT 方法在所有方法中的性能最好。

4.3.5 刀切法验证

本节对 HEPT 方法与其他 9 种方法进行进一步比较[34]。用每种方法的刀切法曲线下的面积来评价其识别效果。此外，这里还加入了 10 条随机分类的刀切法曲线（图 4-6 中的 Random 曲线）。图 4-6（a）显示了 HEPT 方法与 3 种基于网络拓扑的中心性方法（DC、IC 和 SC）的对比结果，图 4-6（b）显示了 HEPT 方法和 3 种基于网络拓扑的中心性方法（BC、CC 和 NC）的对比结果，图 4-6（c）显示了 HEPT 方法与其他 3 种方法（PeC、CoEWC 和 POEM）的对比结果。

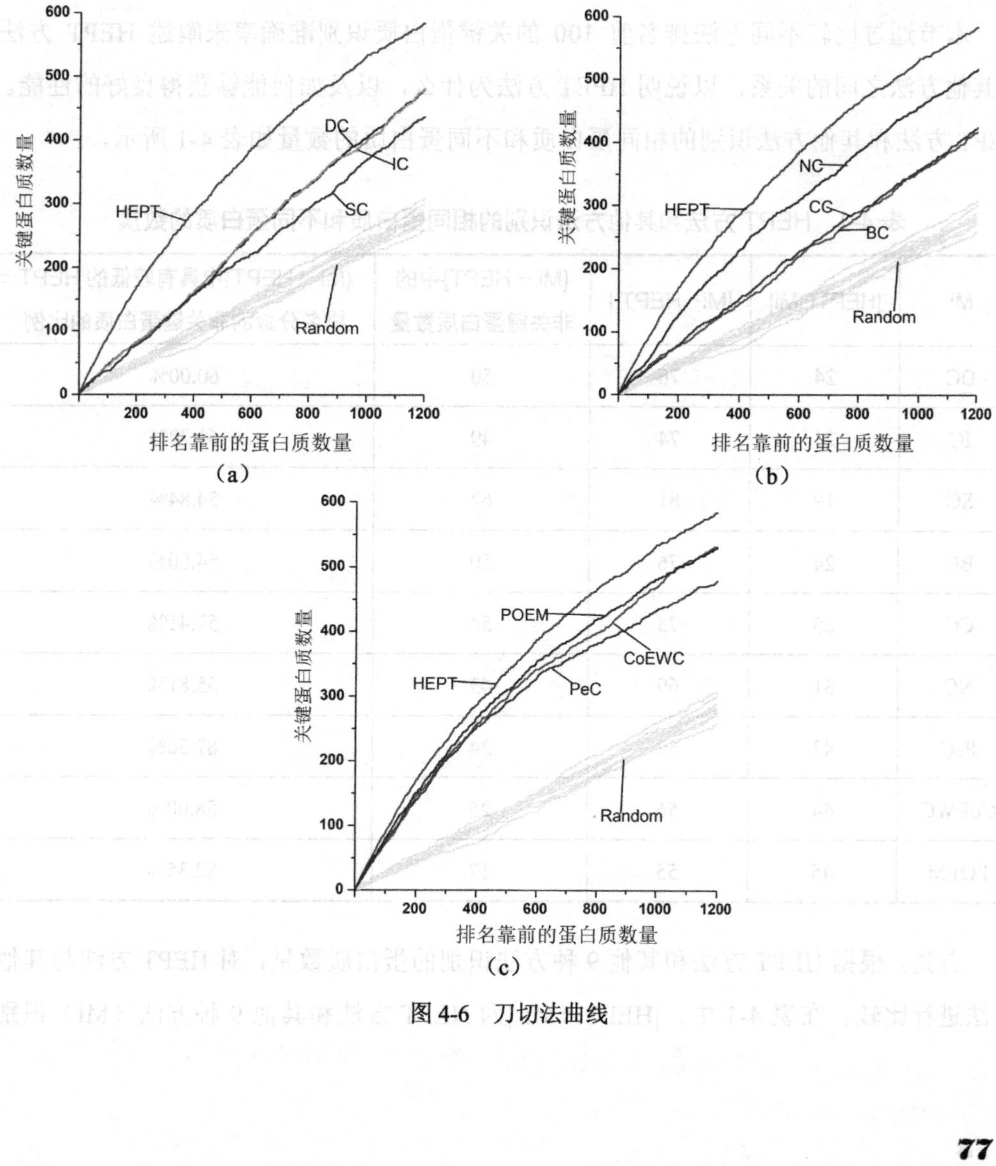

图 4-6 刀切法曲线

从图 4-6 中不难看出，HEPT 方法的刀切法曲线明显优于其他 9 种方法的刀切法曲线。HEPT 方法的刀切法曲线下的面积分别比 DC、BC、CC、SC、IC、NC、PeC、CoEWC 和 POEM 方法的刀切法曲线下的面积提高了 45.80%、45.76%、60.15%、65.87%、61.78%、20.63%、13.64%、20.25%和 10.46%。此外，这 9 种方法都比随机分类方法具有更好的识别性能。

4.3.6 HEPT 方法与其他方法的差异性分析

本节通过比较不同方法排名前 100 的关键蛋白质识别准确率来阐述 HEPT 方法与其他方法之间的关系，以说明 HPET 方法为什么，以及如何能够获得良好的性能。HEPT 方法和其他方法识别的相同蛋白质和不同蛋白质的数量如表 4-1 所示。

表 4-1 HEPT 方法和其他方法识别的相同蛋白质和不同蛋白质的数量

Mi	|HEPT∩Mi|	|Mi− HEPT |	{Mi − HEPT}中的非关键蛋白质数量	{Mi − HEPT}中具有较低的 HEPT 排名分数的非关键蛋白质的比例
DC	24	76	50	60.00%
IC	26	74	49	61.22%
SC	19	81	62	54.84%
BC	24	76	50	54.00%
CC	25	75	54	57.41%
NC	31	69	43	55.81%
PeC	43	57	24	87.50%
CoEWC	44	56	25	88.00%
POEM	45	55	17	82.35%

首先，根据 HEPT 方法和其他 9 种方法识别的蛋白质数量，对 HEPT 方法与其他方法进行比较。在表 4-1 中，|HEPT∩Mi |为 HEPT 方法和其他 9 种方法（Mi）识别

的相同蛋白质数量，{Mi-HEPT}为被其他 9 种方法识别到而被 HPET 方法忽略的蛋白质集合。

如表 4-1 所示，在排名前 100 的蛋白中，HEPT 方法与 DC、IC、SC、BC、CC 和 NC 方法识别的相同蛋白质所占的比例低于 32%，而 HEPT 方法与 PeC、CoEWC 和 POEM 方法识别的相同蛋白质所占的比例低于 46%。HEPT 方法与其他 9 种方法识别的蛋白质只有很少部分是相同的，这说明 HEPT 方法是一种不同于其他方法的新颖方法。表 4-1 中的第三列是被 Mi 识别到而被 HEPT 方法忽略的蛋白质中的非关键蛋白质数量。对其他方法识别的这些非关键蛋白质的进一步研究发现，超过 54%的非关键蛋白质在基于网络拓扑的 6 种中心性方法（DC、IC、SC、BC、CC 和 NC）的 HEPT 排名分数较低，而 PeC、CoEWC 和 POEM 方法识别的 82%的非关键蛋白质也具有较低的 HEPT 排名分数（低于 0.25）。

其次，我们评估了 HEPT 方法和其他 9 种方法识别的不同蛋白质中关键蛋白质的比例。两种识别方法之间的不同蛋白质是被一种方法识别到而被另一种方法忽略的蛋白质。图 4-7 显示了 HEPT 方法和其他 9 种方法识别的不同蛋白质中关键蛋白质的比例。

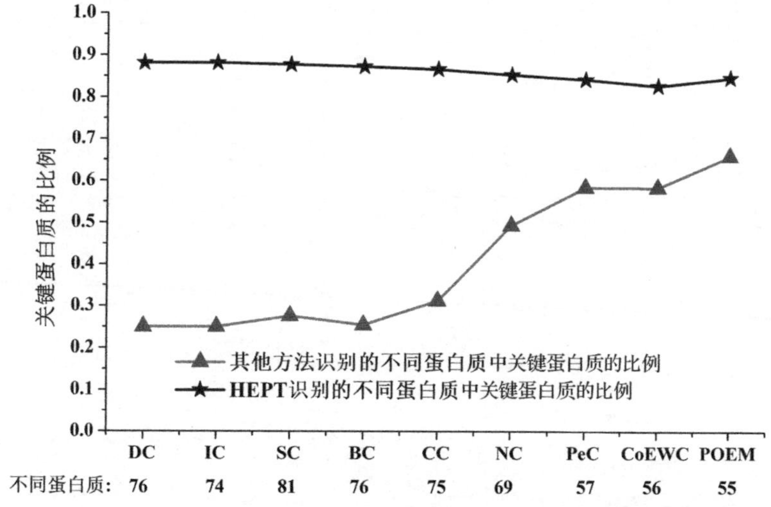

图 4-7 HEPT 方法和其他 9 种方法识别的不同蛋白质中关键蛋白质的比例

从图 4-7 中可以明显看出，HEPT 方法在识别关键蛋白质方面优于其他方法。SC 与 HEPT 方法的差异蛋白质最多，POEM 与 HEPT 方法的差异蛋白质最少，这是两个极端的例子。与 SC 方法相比，HEPT 方法在排名前 100 的蛋白质中识别到 81 个不同蛋白质，其中，87.73%是关键蛋白质，而 SC 方法检测到的蛋白质中只有 27.6%是关键蛋白质。在另一个案例中，通过 HEPT 和 POEM 方法识别了 55 个不同蛋白质。HEPT 方法能够识别超过 84.55%的关键蛋白质，存在于 22 种不同的蛋白质物种中；而 POEM 方法的识别结果低于 65.85%，其余方法（DC、CC、BC、IC、NC、PeC 和 CoEWC）的识别结果相似。

4.4 结论

当前基于蛋白质-蛋白质相互作用网络识别关键蛋白质的计算方法取得了良好的性能。但这些方法中有很大一部分忽略了多源生物之间的内在关系。在本项研究中，针对这一问题，我们通过整合蛋白质-蛋白质相互作用网络、蛋白质结构域和 GO 注释信息构建张量。在此基础上，我们将基于 HITS 算法的随机游走模型扩展到三维张量，并设计了新的关键蛋白质识别方法——HEPT 方法。实验结果表明，HEPT 方法优于其他 9 种方法（包括 6 种基于网络拓扑的中心性方法和 3 种多源生物数据融合方法）。因此，为了改善关键蛋白质的识别性能，有必要构建多维生物数据模型，并考虑节点和不同类型边的重要性。

参考文献

[1] DUBACH J M, KIM E, YANG K, et al. Quantitating drug-target engagement in single cells in vitro and in vivo[J]. Nat. Chem. Biology, 2017, 13(2): 168-173.

[2] ZENG X, LIAO Y, LIU Y, et al. Prediction and validation of disease genes using HeteSim Scores[J]. IEEE/ACM Transactions on Computational Biology and Bioinformatics, 2017, 14(3): 687-695.

[3] NARASIMHAN V M, HUNT K A, MASON D, et al. Health and population effects of rare gene knockouts in adult humans with related parents[J]. Science, 2016, 352(6284): 474-477.

[4] INOUYE M. The first demonstration of RNA interference to inhibit mRNA function[J]. Gene, 2016, 592(2): 332-333.

[5] BAYM M, SHAKET L, ANZAI I A, et al. Rapid construction of a whole-genome transposon insertion collection for shewanella oneidensis by knockout sudoku[J]. Nat. Commun., 2016, 7: 13270.

[6] HAHN M W, KERN A D. Comparative genomics of centrality and essentiality in three eukaryotic protein-interaction networks[J]. Mol. Biology Evol., 2004, 22(4): 803-806.

[7] STEPHENSON K, ZELEN M. Rethinking centrality: Methods and examples[J]. Social Networks, 1989, 11(1): 1-37.

[8] WUCHTY S , STADLER P F .Centers of complex networks[J].Journal of Theoretical Biology, 2003, 223(1):45-53.DOI:10.1016/S0022-5193(03)00071-7.

[9] JOY M P , BROCK A , INGBER D E ,et al.High-betweenness proteins in the yeast protein interaction network[J].Journal of Biomedicine & Biotechnology, 2014, 2005(2): 96.DOI:10.1155/JBB.2005.96.

[10] ERNESTO E, RODRÍGUEZ-VELÁZQUEZ J A. Subgraph centrality in complex networks[J]. Phys. Rev. E Stat. Nonlin. Soft Matter Phys., 2005, 71(5): 122-133.

[11] WANG J , LI M , WANG H , et al. Identification of essential proteins based on edge clustering coefficient[J]. IEEE/ACM Transactions on Computational Biology and Bioinformatics, 2012, 9(4):1070-1080.

[12] HSING M, BYLER K G, CHERKASOV A. The use of gene ortology terms for predicting highly-connected \"hub\" nodes in protein-protein interaction networks[J]. BMC Syst. Biology, 2008, 2(1): 80.

[13] REN J, WANG J, LI M, et al. Prediction of essential proteins by integration of PPI network topology and protein complexes information[J]. Bioinformatics Research & Applications-International Symposium. DBLP, 2011: 12-24.

[14] ZAKI N, BERENGUERES J, EFIMOV D. Detection of protein complexes using a protein ranking algorithm[J]. Proteins., 2012, 80(10): 2459-2468.

[15] LI M, LU Y, NIU Z, et al. United complex centrality for identification of essential proteins from PPI networks[J]. IEEE/ACM Transactions on Computational Biology and Bioinformatics, 2017, 14(2): 370-380.

[16] PENG W, WANG J, CHENG Y, et al. UDoNC: an algorithm for identifying essential proteins based on protein domains and protein-protein interaction networks[J]. IEEE/ACM Transactions on Computational Biology and Bioinformatics, 2015, 12(2): 276-288.

[17] LI M , ZHANG H , WANG J X , et al. A new essential protein discovery method based on the integration of protein-protein interaction and gene expression data[J]. BMC Syst. Boil., 2012, 6(1): 15.

[18] ZHANG X , XU J , XIAO W X. A new method for the discovery of essential proteins[J]. PLoS One, 2013, 8(3): e58763.

[19] ZHAO B H, WANG J X, LI M, et al. Prediction of essential proteins based on overlapping essential modules[J]. IEEE Transactions on NanoBioscience 2014, 13 : 415-424.

[20] ZHAO B , HU S , LI X , et al. An efficient method for protein function annotation based on multilayer protein networks[J]. Human Genomics, 2016, 10(1): 33.

[21] SIDIROPOULOS N , DE L L , FU X , et al. Tensor decomposition for signal processing and machine learning[J]. IEEE Transactions Signal Proces., 2017,65(13): 3551-3582.

[22] KLEINBERG J M. Authoritative sources in a hyperlinked environment[J]. Journal of the ACM, 1999, 46(5): 604-632.

[23] ZHAO B, WANG J, LI M, et al. Prediction of essential proteins based on overlapping essential modules[J]. IEEE Transactions NanoBioscience. 2014, 13(4): 415.

[24] LI X, WANG J, ZHAO B, et al. Identification of protein complexes from multi-relationship protein interaction networks[J]. Human Genomics, 2016, 10(2): 17.

[25] XENARIOS, I. DIP, the database of interacting proteins: a research tool for studying cellular networks of protein interactions[J]. Nucleic Acids Research, 2002, 30(1): 303-305.

[26] BATEMAN A, COIN L, DURBIN R, et al. The Pfam protein families database[J]. Nucleic Acids Research, 2004, 32(Suppl_1): D138-D141.

[27] ASHBURNER M, BALL C A, BLAKE J A, et al. Gene ortology: tool for the unification of biology[J]. Nat. Genet., 2000, 25(1): 25-29.

[28] BINDER J X, PLETSCHER-FRANKILD S, TSAFOU K, et al. COMPARTMENTS: unification and visualization of protein subcellular localization evidence[J]. Database, 2014, 2014: bau012.

[29] GABRIEL O, THOMAS S, KRISTOFFER F, et al. InParanoid 7: new algorithms and tools for eukaryotic orthology analysis[J]. Nucleic Acids Research, 2010, 38(Database issue): D196-D203.

[30] MEWES H W, FRISHMAN D, MAYER K F X, et al. MIPS: analysis and annotation of proteins from whole genomes in 2005[J]. Nucleic Acids Research, 2006, 34(S1): D169-D172.

[31] CHERRY J M. SGD: Saccharomyces Genome Database[J]. Nucleic Acids Research, 1998, 26(1): 73-79.

[32] ZHANG R, LIN Y. DEG 5.0, a database of essential genes in both prokaryotes and eukaryotes[J]. Nucleic Acids Research, 2009, 37(Suppl_1): D455-D458.

[33] CHEN W H, MINGUEZ P, LERCHER M J, et al. OGEE: an online gene essentiality database[J]. Nucleic Acids Research, 2012, 40(D1): D901-D906.

[34] HOLMAN A G, DAVIS P J, FOSTER J M, et al. Computational prediction of essential genes in an unculturable endosymbiotic bacterium, wolbachia of brugia malayi[J]. BMC Microbiol., 2009, 9(1): 243.

第 5 章

面向多重生物网络随机游走的关键蛋白质识别

在本项研究中，我们首先通过整合蛋白质-蛋白质相互作用网络、蛋白质结构域和基因表达谱，创建一个多重生物网络（Multiplex Biological Network，MON）；然后采用张量模型描述该网络，通过将重启型随机游走算法扩展到张量，提出了一种新的关键蛋白质识别方法——MON 方法。与现有方法相比，MON 方法在迭代过程中考虑了节点，以及蛋白质之间不同类型的相互作用的重要性。我们在两个酿酒酵母蛋白质-蛋白质相互作用网络中应用 MON 方法识别关键蛋白质。实验结果表明，MON 方法在 PR 曲线、刀切法曲线等指标上优于其他方法。

5.1 引言

关键蛋白质是生物体生存所必需的。关键蛋白质的识别可以帮助我们了解生物体的基本需求，也可以在药物设计[1]、遗传病诊断[2]和癌症药物协同作用预测[3]中发挥重要作用。传统的实验方法，如基因敲除[4]、RNA 干扰[5]和 CRISPR 敲除[6]是耗时并且昂贵的。在过去的几十年里，高通量技术产生了大量的蛋白质-蛋白质相互作用数据，为我们提供了通过使用计算方法识别关键蛋白质的机会。前面提到，目前已经提出了很多基于网络拓扑识别关键蛋白质的中心性方法，这些方法包括 DC[7]、IC[8]、CC[9]、BC[10]、SC[11]和 NC[12]。

然而，这些方法经常受到蛋白质-蛋白质相互作用网络中的噪声和错误的困扰。为了提供准确的识别结果，多源生物数据的整合已成为一种重要且热门的策略。通过将蛋白质-蛋白质相互作用网络与多源生物数据相结合，已经开发了很多方法来识别关键蛋白质。例如，GO 注释信息被用作生物信息学工具，用于识别几种单细胞蛋白质-蛋白质相互作用网络中的关键蛋白质，如大肠杆菌、酿酒酵母和黑腹果蝇[13]。Peng 等提出了一个名为 ION[14]的预测模型，通过整合蛋白质同源信息和蛋白质-蛋白质相互作用网络的拓扑特性来识别关键蛋白质。UC（United complex Centrality）[15]方法将蛋白质复合物与蛋白质-蛋白质相互作用网络的拓扑特性结合起来以识别关键蛋白质。Peng 等在分析了结构域特征与关键蛋白质之间的相关性后，设计了一种名为 UDoNC[16]的方法，用于识别酿酒酵母蛋白质-蛋白质相互作用网络中的关键蛋白质。Li 等和 Zhang 等分别通过融合蛋白质-蛋白质相互作用网络的基因表达和拓扑特性建立了两种预测模型，分别称为 PeC[17]和 CoEWC[18]。在前面的研究工作中，我们提出了一种名为 POEM[19]的识别方法。该方法基于关键蛋白质的模块性，通过识别相同的关键模块来检测蛋白质的关键性。Lei 等设计了一种基于人工鱼群算法识别关键蛋白质的方法，称为 AFSO_EP[20]。该方法利用网络拓扑、基因表达、GO 注释和蛋白质亚细胞定位信息。Zhang 等提出了一种基于整合网络拓扑、基因表达谱、GO 注释信息和蛋白质亚细胞定位信息的识别关键蛋白质的新方法，称为 TEGS[21]。FDP 方法 [22] 首先构建活跃蛋白质-蛋白质相互作用网络，然后根据网络的相似性将它们融合成最终的网络，最后提出了一种结合网络的同源性和拓扑特性识别关键蛋白质的新方法。

然而，这些方法的一个共同特点和局限性是它们仅使用蛋白质之间的单一关系网络识别关键蛋白质。目前，蛋白质-蛋白质相互作用网络并不是唯一的大规模网络数据集，蛋白质-DNA 相互作用和信号调控网络也存储在专用数据库中[23]。此外，还可以推导出其他类型的相互作用，如基于基因表达谱建立的共同表达网络和基于 GO 注释构建的共同注释网络。每种相互作用数据源都有自己的意义或相关性，并且可以在识别关键蛋白质方面发挥不同的作用。上述方法将多个相互作用网络聚合成一个单一的网络，这往往忽略了每个相互作用网络各自的拓扑结构和特性。Domenico 指出，用单一类型的链接表示系统中不同类型的相互作用的惯例不再是网络科学的“灵丹妙药” [24]。多重网络为我们提供了另一种选择，它是共享相同节点的网络的集合，而边可以属于不同类型或代表不同性质的相互作用[25]。最近，各种应用研究已经适应了多重网络。Valdeolivas 等[23]构建 $nL \times nL$ 异构矩阵，其中，n 和 L 分别代表多重网络的节点数与层数，将随机游走算法扩展到多重网络。Wang 等[26]将多个网络压缩成两个特征矩阵，并通过多视图非负矩阵分解进行保守功能模块检测。最近提出的一种面向多重网络的链路预测算法[27]基于层相关性将层内信息和层间信息结合起来。在之前的研究工作中，我们构建了一个多层蛋白质网络，并将其用于蛋白质复合物挖掘[28]和蛋白质的功能预测[29]。在本项研究中，我们提出了一个用张量模型表示构建的多重生物网络的框架，旨在将重启型随机游走算法扩展至张量模型，进而实现关键蛋白质的识别。实验结果表明，我们提出的 MON 方法优于 6 种中心性方法（包括 DC[7]、IC [8]、CC [9]、BC[10]、SC[11]和 NC [12]），以及 5 种基于网络拓扑特性和多源生物数据融合的方法（包括 PeC[17]、CoEWC[18]、POEM[19]。ION[14]和 FDP [22]）。

5.2 实验数据

为了估计MON方法的性能，使用该方法和其他方法识别来自DIP网络[30]与Gavin网络[31]的酿酒酵母蛋白质-蛋白质相互作用网络中的关键蛋白质。酿酒酵母蛋白质-蛋白质相互作用网络是所有物种中数据最完整和全面的，已被很多研究充分证实。去除自相互作用和重复相互作用后，DIP 网络包含 5093 个蛋白质和 24743 种相互作用，Gavin 网络包括 1855 个蛋白质和 7669 种相互作用。构建 MON 方法的结构域数据从 Pfam 数据库[32]下载。酿酒酵母的基因表达谱来源于 GEO[33]中的 GSE3431，包含 6776 个基因在 36 个时间点的表达值，其中，DIP 和 Gavin 相互作用网络分别包含 4985 个与 1827 个基因。两个网络中的基因覆盖率均大于 95%（DIP：4985/5093=97.88%；Gavin：1827/1855=98.49%）。蛋白质同源信息来自 InParanoid 数据库[34]（Version 7），该数据库是 100 个全基因组的两两比较集合。酿酒酵母关键蛋白质基准集由 1285 个关键蛋白质组成，从 MIPS[35]、SGD[36]和 DEG[37]数据库中获得。在 DIP 网络的 5093 个蛋白质中，1167 个蛋白质是关键蛋白质，3926 个蛋白质是非关键蛋白质。在 Gavin 网络中，关键蛋白质和非关键蛋白质的数量分别为 714 与 1141。表 5-1 列出了两个酿酒酵母蛋白质-蛋白质相互作用网络的详细信息。

表 5-1　两个酿酒酵母蛋白质-蛋白质相互作用网络的详细信息

数据集	蛋白质数量	相互作用数量	关键蛋白质数量	基因表达蛋白质数量
DIP	5093	24753	1167	4985
Gavin	1855	7669	714	1927

5.3 MON 方法

MON 方法主要包括 3 个阶段：①通过整合蛋白质-蛋白质相互作用网络的拓扑结构、蛋白质结构域和基因表达谱建立一个多重生物网络；②将重启型随机游走算法扩展到多重生物网络对应的张量模型；③按降序对蛋白质进行排序，输出这些蛋白质的前 K 个作为关键蛋白质。MON 方法的流程图如图 5-1 所示。

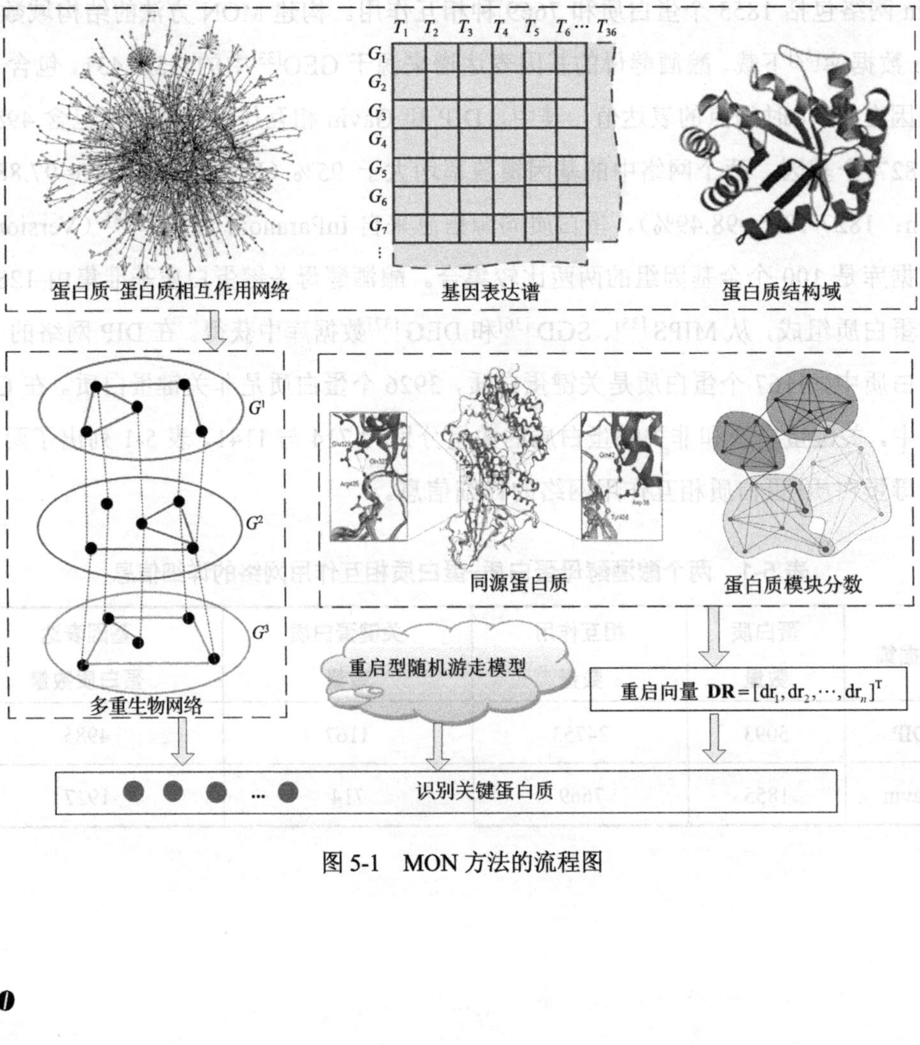

图 5-1　MON 方法的流程图

5.3.1 构建多重生物网络

考虑一个多重生物网络 $G=(G^1, G^2,\cdots,G^L)$，其中，$G^i=(V, E^i)$ 为第 i 层网络。$V=\{v_1, v_2,\cdots,v_n\}$ 为 G 中各层网络的蛋白质集合，$E^i=\{e_{i1}, e_{i2},\cdots, e_{im}\}$为 G 中第 i 层网络的相互作用的集合。

在本项研究中，通过整合相互作用网络、基因表达谱和蛋白质结构域信息构建了一个多重生物网络 $G=(G^1, G^2,G^3)$：第 1 层，通过分析蛋白质-蛋白质相互作用网络的拓扑特性构建共邻居网络；第 2 层，基于蛋白质结构域信息进行相关性分析，构建共结构域网络；第 3 层，构建与基于时间序列基因表达谱的共表达特性有关的共表达网络。

共邻居网络是通过探索蛋白质对之间的共同邻居而建立的。直观地说，两个蛋白质拥有的共同邻居的数量越多，这两个蛋白质之间的相互作用就越可信。如果两个蛋白质 p_i 和 p_j 在原始相互作用网络中存在相互作用，并且它们至少拥有一个共同邻居，则这两个蛋白质在共邻居网络中也会相互连接。p_i 和 p_j 相互作用的权重可由下式来计算：

$$e^1(i,j)=\begin{cases}\dfrac{|N_i\cap N_j|^2}{(|N_i|-1)\cdot(|N_j|-1)}, & |N_i\cap N_j|>0\\ 0, & \text{其他}\end{cases} \tag{5-1}$$

其中，N_i 和 N_j 分别表示 p_i 与 p_j 的直接邻居集；$N_i\cap N_j$ 表示 p_i 和 p_j 的共同邻居集。

结构域是在不同蛋白质中独立发现的序列和结构基序，是蛋白质的稳定功能块。在此基础上，我们建立了基于蛋白质结构域数据的共结构域网络。首先，基于蛋白质和结构域之间的关联分析了蛋白质相对于结构域的重要性。给定一个蛋白质 p_i，其结构域分数 P_D 可计算如下：

$$\mathrm{P\_D}(p_i)=\sum_{j=1}^{|D|}\frac{1}{\mathrm{NP}_j}\cdot t_{ij} \tag{5-2}$$

其中，D 是与所有蛋白质相关的不同类型结构域的列表；NP_j 是包含结构域 d_j 的蛋白质数量。如果蛋白质 p_i 包含结构域 d_j，则 t_{ij} 的值为 1；否则，t_{ij} 的值被设置为 0。p_i 的 P_D 可以归一化计算如下：

$$\mathrm{P\_D}(p_i)=\frac{\mathrm{P\_D}(p_i)-\min\limits_{1\leqslant j\leqslant|P|}(\mathrm{P\_D}(p_j))}{\max\limits_{1\leqslant j\leqslant|P|}(\mathrm{P\_D}(p_j))-\min\limits_{1\leqslant j\leqslant|P|}(\mathrm{P\_D}(p_j))} \tag{5-3}$$

由式（5-3）可以很容易地判断出 P_D 的值落在区间[0,1]内。从这个角度来看，蛋白质的 P_D 可以解释为它成为关键蛋白质的概率。此外，先前的研究[8]表明，关键基因或蛋白质往往通过相互作用形成关键模块。假设上述蛋白质是关键蛋白质的概率是相互独立的，共结构域网络中两个蛋白质 p_i 和 p_j 相互作用的概率（或权重）可以计算如下：

$$e^2(i,j)=\mathrm{P\_D}(p_i)\cdot \mathrm{P\_D}(p_j) \tag{5-4}$$

基于基因表达谱，采用 PCC 评价一对蛋白质的共表达概率。令 $g(p_i, j)$表示蛋白质 p_i 在第 j 个时间点的表达值，那么对于一对蛋白质 p_i 和 p_j，它们之间的相关性可以计算为

$$\mathrm{PCC}(p_i,p_j)=\frac{n\sum g(p_i,k)g(p_j,k)-\sum g(p_i,k)\sum g(p_j,k)}{\sqrt{n\sum g(p_i,k)^2-(\sum g(p_i,k))^2}\sqrt{n\sum g(p_j,k)^2-(\sum g(p_j,k))^2}} \tag{5-5}$$

如果两个蛋白质在原始网络中存在相互作用且 PCC 不为零，则视为两者共表达。将共表达网络中 p_i 和 p_j 相互作用的权重设为其 PCC 的绝对值。具体来说，$e^3(i,j)=|\mathrm{PCC}(p_i, p_j)|$。

5.3.2 基于多重生物网络的重启型随机游走算法

为了系统地研究多重生物网络，需要建立精确的数学模型和选用适当的工具。本

项研究使用张量模型表示新构建的多重生物网络——G，并扩展重启型随机游走算法。

令 $\boldsymbol{T}=(t_{ijk})\in\mathbf{R}^{n\times n\times m}$ 表示 $G=(G^1, G^2, G^3)$ 对应的三阶邻接张量，其中，n 和 m 分别为蛋白质数量与蛋白质之间相互作用的类型数量。$\boldsymbol{T}$ 的每个元素定义如下：

$$t_{ijk}=\begin{cases} e^k(i,j) & ,\ (p_i,p_j)\in E^k \\ 0 & ,\ \text{其他} \end{cases} \tag{5-6}$$

其中，$1\leqslant i$；$j\leqslant n$；$1\leqslant k\leqslant m$（$m=3$）；$e^k(i,j)$表示第 k 层 p_i 和 p_j 相互作用的权重。我们可以将重启型随机游走算法从二维矩阵扩展到张量，用于蛋白质评分。研究[38]表明，多重网络中不同层的结构特征是相互关联的。基于这一研究发现，我们认为考虑不同类型相互作用的重要性有助于提高关键蛋白质的识别准确率。我们的统计数据显示，在多重生物网络中，通过不同类型边相连的重要或关键节点之间是相互加强的。令向量 $\boldsymbol{x}=[x_1,x_2,\cdots,x_n]^{\mathrm{T}}\in\mathbf{R}^n$ 和 $\boldsymbol{y}=[y_1,y_2,\cdots,y_n]^{\mathrm{T}}\in\mathbf{R}^n$ 分别表示蛋白质、蛋白质之间不同类型相互作用的重要分数。基于张量 $\boldsymbol{T}$，用下面的公式描述向量 $\boldsymbol{x}$ 和 $\boldsymbol{y}$ 之间的关系：

$$\boldsymbol{x}=f(\boldsymbol{T},\boldsymbol{x},\boldsymbol{y}),\ \boldsymbol{y}=g(\boldsymbol{T},\boldsymbol{x}) \tag{5-7}$$

在式（5-7）中，最关键的任务是设计合理的函数 f 和 g，并分别计算 $\boldsymbol{x}$ 和 $\boldsymbol{y}$。在此，采用归一化张量来定义高阶马尔可夫链的处理方式，这样就产生了两个概率转移张量，计算方法如下：

$$t_{i,j,k}^{(1)}=\begin{cases} \dfrac{t_{i,j,k}}{\sum\limits_{i=1}^{n}t_{i,j,k}} & ,\ \sum\limits_{i=1}^{n}t_{i,j,k}>0 \\ 1/n & ,\ \text{其他} \end{cases} \tag{5-8}$$

$$t_{i,j,k}^{(2)}=\begin{cases} \dfrac{t_{i,j,k}}{\sum\limits_{k=1}^{m}t_{i,j,k}} & ,\ \sum\limits_{k=1}^{m}t_{i,j,k}>0 \\ 1/m & ,\ \text{其他} \end{cases} \tag{5-9}$$

进而可以很容易地得到下列公式：

$$0 \leqslant t_{i,j,k}^{(1)} \leqslant 1, \quad \sum_{i=1}^{n} t_{i,j,k}^{(1)} = 1 \tag{5-10}$$

$$0 \leqslant t_{i,j,k}^{(2)} \leqslant 1, \quad \sum_{k=1}^{m} t_{i,j,k}^{(2)} = 1 \tag{5-11}$$

式（5-8）和式（5-9）可以分别理解为两个三阶马尔可夫链 $(X_t)_{t\in\mathbf{R}}$ 与 $(Y_t)_{t\in\mathbf{R}}$。

$$t_{i,j,k}^{(1)} = P[X_t = i \mid X_{t-1} = j, Y_t = k] \tag{5-12}$$

$$t_{i,j,k}^{(2)} = P[Y_t = k \mid X_t = i, X_{t-1} = j] \tag{5-13}$$

如果上一个状态是第 i 个节点，那么下一个状态是以概率 $t_{i,j,k}^{(1)}$ 通过第 k 种类型的相互作用到达第 j 个节点。类似地，$t_{i,j,k}^{(2)}$ 可以理解为从第 j 个节点到第 i 个节点，选择第 k 种类型相互作用的概率。对于随机变量 X 和 Y 的计算，根据完全概率公式推导得到如下公式：

$$P[X_t = i] = \sum_{j=1}^{n}\sum_{k=1}^{m} t_{i,j,k}^{(1)} P[X_{t-1} = j, Y_t = k] \tag{5-14}$$

$$P[Y_t = k] = \sum_{i=1}^{n}\sum_{j=1}^{n} t_{i,j,k}^{(2)} P[X_t = i, X_{t-1} = j] \tag{5-15}$$

其中，$P[X_{t-1} = j, Y_t = k]$ 表示 X_{t-1} 和 Y_t 的联合概率分布；$P[X_t = i, X_{t-1} = j]$ 表示 X_t 和 X_{t-1} 的联合概率分布。考虑到马尔可夫链的稳态，可以得到以下公式：

$$x_i = \lim_{t\to\infty} P[X_t = i], \quad 1 \leqslant i \leqslant n \tag{5-16}$$

$$y_k = \lim_{t\to\infty} P[Y_t = k], \quad 1 \leqslant k \leqslant m \tag{5-17}$$

由于 X 和 Y 相互耦合，并且式（5-14）和式（5-15）中包含两个联合概率分布，

因此计算 X 和 Y 非常困难。在本项研究中，假设随机变量 X 和 Y 彼此完全独立，进而可以得到以下公式：

$$P[X_{t-1}=j,Y_t=k]=P[X_{t-1}=j]P[Y_t=k] \tag{5-18}$$

$$P[X_t=i,X_{t-1}=j]=P[X_t=i]P[X_{t-1}=j] \tag{5-19}$$

基于上述假设，以及 t 趋向于无穷大的事实，式（5-16）和式（5-17）可以分别推导演变如下：

$$x_i=\sum_{j=1}^{n}\sum_{k=1}^{m}t_{i,j,k}^{(1)}x_j y_k,\quad i=1,2,\cdots,n \tag{5-20}$$

$$y_k=\sum_{i=1}^{n}\sum_{j=1}^{n}t_{i,j,k}^{(2)}x_i x_j,\quad k=1,2,\cdots,m \tag{5-21}$$

在此基础上，对函数 f 和 g 设计合适的解。因此，多重生物网络中的重启型随机游走算法可以描述为

$$X_t=\alpha\boldsymbol{T}^{(1)}X_{t-1}Y_{t-1}+(1-\alpha)\mathbf{RV} \tag{5-22}$$

$$Y_t=\boldsymbol{T}^{(2)}X_t^{\,2} \tag{5-23}$$

其中，重启向量 **RV** 代表初始的概率分布；α 代表重启概率。算法 5-1 表示了多重生物网络中重启型随机游走算法的整体框架。

算法 5-1：面向多重生物网络的重启型随机游走算法

Input: A multiplex biological network G; Restart vector **RV**; Stopping threshold ∂

Output: A vector representing the score of nodes $\boldsymbol{X}$

Step 1. Construct two transition probability tensors $\boldsymbol{T}^{(1)}$ and $\boldsymbol{T}^{(2)}$ using Equation（5-8） and Equation（5-9）

Step 2. Initialize $X_0=1/n$, $Y_0=1/m$

Step 3. Let t=1

Step 4. Calculate $X_t=\alpha \boldsymbol{T}^{(1)} X_{t-1}Y_{t-1}+(1-\alpha)$ **RV**

Step 5. Calculate $Y_t= \boldsymbol{T}^{(2)} \times X_t^2$

Step 6. if $\|X_t - X_{t-1}\|+\|Y_t-Y_{t-1}\|<\partial$, then let $\boldsymbol{X}=\boldsymbol{X}_t$, $\boldsymbol{Y}=\boldsymbol{Y}_t$ and terminate the algorithm. otherwise, let $t=t+1$, and then go to Step 4

Step 7. Output $\boldsymbol{X}$

5.3.3 识别关键蛋白质

上一阶段已经建立了评估蛋白质在多重生物网络中的重要性的框架。这一阶段在上述框架的基础上设计用于从多重生物网络中识别关键蛋白质的方法——MON 方法。算法 5-2 详细说明了 MON 方法。

算法 5-2：MON 方法

Input： A PIN network, protein domain, gene expression, orthology datasets, module scores of proteins, and parameter K;

Output： Top K proteins sorted by **pr** in descending order

Step 1. Construct a multiplex biological network G according to Equation（5-1）～ Equation（5-5）

Step 2. Calculate initial vector **DR**

Step 3. **pr**=Algorithm 5-1(G, dr, $\mathcal{E}$)

Step 4. Sort proteins by the value of **pr** in descending order

Step 5. Output top K of sorted proteins

MON 方法首先通过整合蛋白质-蛋白质相互作用网络、基因表达谱信息和蛋白质结构域构建 G；然后考虑到蛋白质的保守性和模块化特征，使用以下公式初始化一个向量 $\mathbf{DR}=[\mathrm{dr}_1,\mathrm{dr}_2,\cdots,\mathrm{dr}_n]^{\mathrm{T}}$：

$$\mathrm{dr}(p_i)=\beta\cdot \mathrm{C\_S}(p_i)+(1-\beta)\cdot \mathrm{M\_S}(p_i) \tag{5-24}$$

其中，$\mathrm{C\_S}(p_i)$ 和 $\mathrm{M_S}(p_i)$分别表示蛋白质 p_i 的保守性与模块化分数。蛋白质 p_i 的保守性分数来源于蛋白质同源信息，其定义如下[39]：

$$\mathrm{C\_S}(p_i)=\frac{N(p_i)}{\max\limits_{1\leqslant j\leqslant |V|}(N(p_j))} \tag{5-25}$$

其中，$N(p_i)$表示 p_i 在参考物种中所包含的同源蛋白质的数量。蛋白质的模块化分数是经过归一化处理的 POEM 方法输出的评分[19]。

然后，将重启型随机游走算法从二维矩阵扩展到多重生物网络 G 对应的三维张量模型中，生成分数向量 **pr**。

最后，根据 **pr** 对蛋白质进行降序排列，将前 K 个候选蛋白质输出为关键蛋白质。

5.4 实验结果和分析

为了评估蛋白质在蛋白质-蛋白质相互作用网络中的关键性质，首先根据 MON 方法和其他 11 种关键蛋白质识别方法计算的排名分数，将蛋白质降序排列；然后选择排名前 100～前 600 的蛋白质作为候选蛋白质。根据已知的关键蛋白质基准集，确定真正的关键蛋白质数量，以评估每种方法的性能。我们详细地分析了 DIP 网络的实验对比结果，简要对比了各种方法在 Gavin 网络上的运行结果。

5.4.1 参数 α 和 β 的影响

在本项研究中，我们引入了两个自定义参数 α 和 β。参数 α（$0<\alpha<1$）用于控制算法 5-1 的 Step 4 中两个分数的权重。参数 β（$0<\beta<1$）用于调整式（5-24）中蛋白质的保守性分数和模块化分数比例。为了研究参数 α 和 β 对 MON 方法性能的影响，通过设置不同的 α 和 β 值来评估识别准确率。图 5-2、图 5-3 显示了参数 α 和 β 分别在[0,1]区间内取不同值时 DIP 与 Gavin 网络的对比结果。分别选取 MON 方法识别的前 100～前 600 候选蛋白质。识别准确率由 TOP N 候选蛋白质集合中真正的关键蛋白质的百分比来评估。综合分析图 5-2 后，我们认为参数 α 和 β 在 DIP 网络上的最优取值分别为 0.3、0.5。同理，综合分析图 5-3 后，我们认为参数 α 和 β 在 Gavin 网络上的最优取值分别为 0.3、0.2。

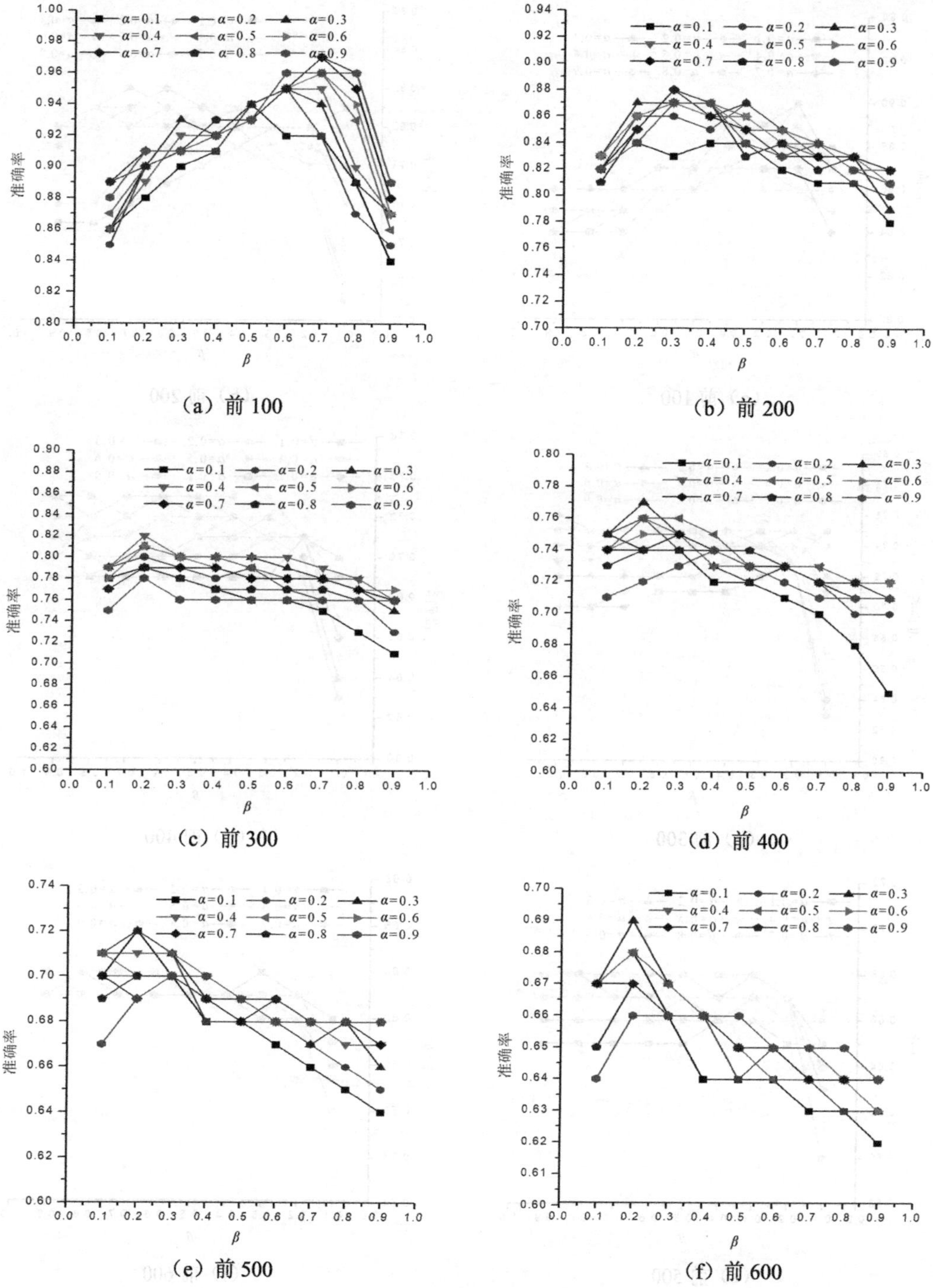

图 5-2 DIP 网络参数 α 和 β 分析

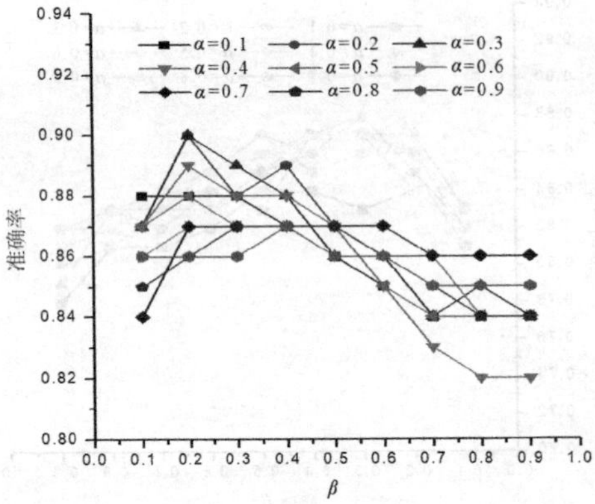

（a）前 100

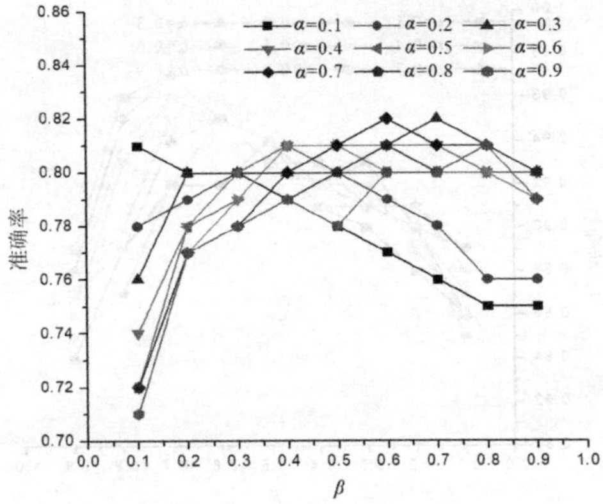

（b）前 200

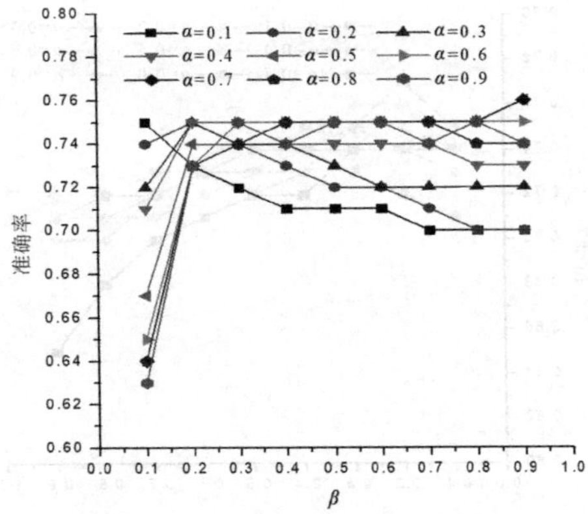

（c）前 300

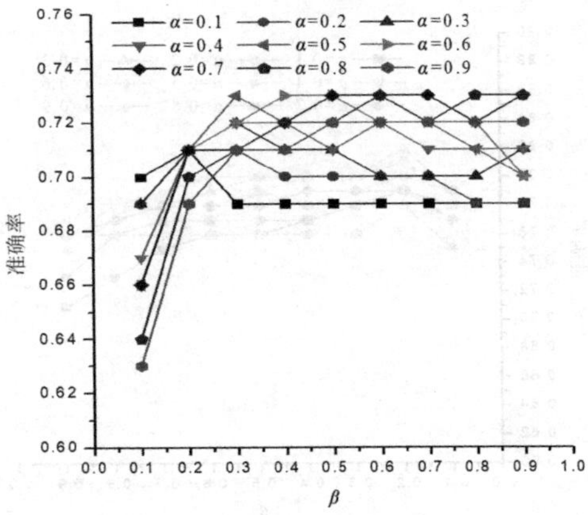

（d）前 400

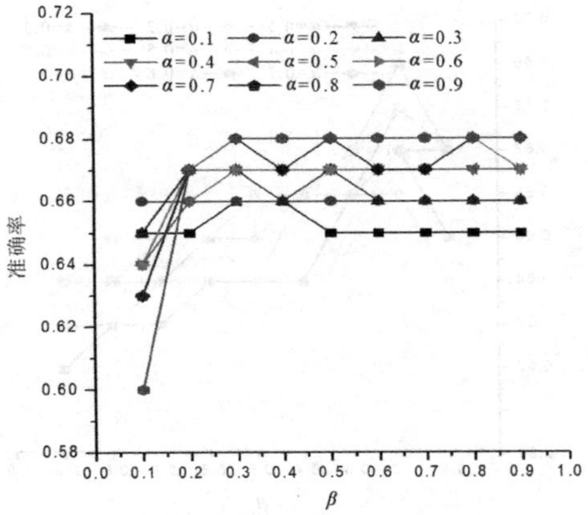

（e）前 500

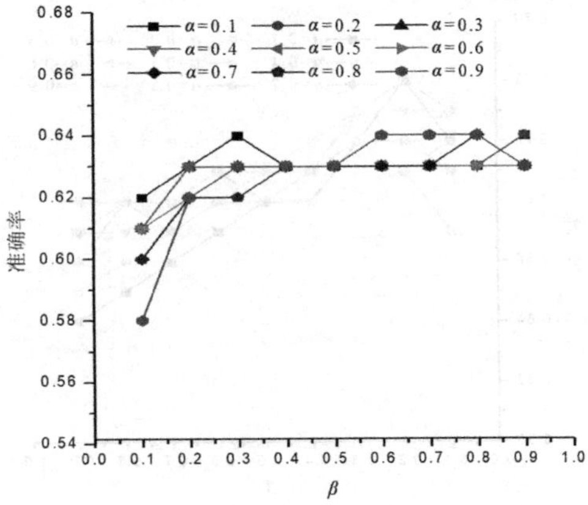

（f）前 600

图 5-3　Gavin 网络参数 α 和 β 分析

5.4.2 与其他方法进行对比

为了验证 MON 方法的性能，我们将 MON 方法与其他 11 种方法进行了全面比较。分别根据每种方法计算的排名分数将蛋白质降序排列。排名靠前的若干蛋白质被认定是关键蛋白质。通过与基准集进行比较，可以确定这些候选蛋白质中有多少是真正的关键蛋白质。图 5-4 显示了在酿酒酵母蛋白质-蛋白质相互作用网络中 MON 方法和其他 11 种方法识别的关键蛋白质的比例，即准确率。

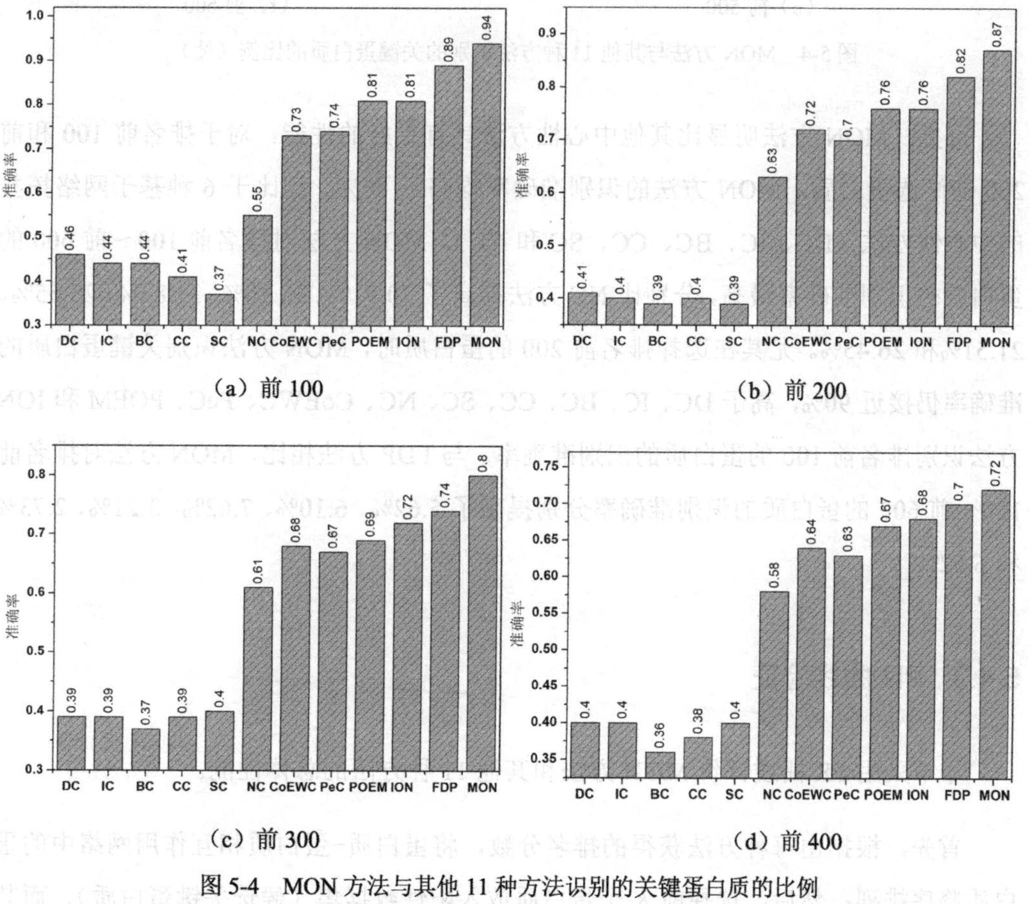

图 5-4 MON 方法与其他 11 种方法识别的关键蛋白质的比例

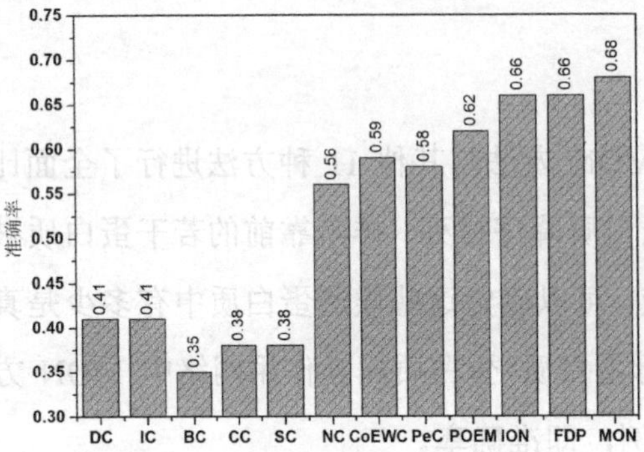

（e）前 500

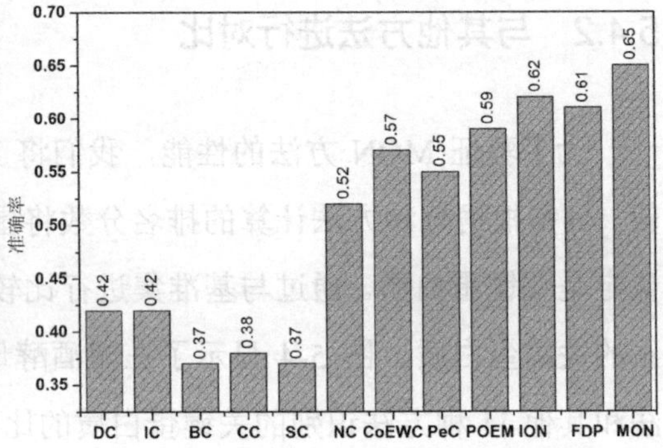

（f）前 600

图 5-4　MON 方法与其他 11 种方法识别的关键蛋白质的比例（续）

可见，MON 方法明显比其他中心性方法具有更好的性能。对于排名前 100 和前 200 的候选蛋白质，MON 方法的识别准确率均高于 86%。相比于 6 种基于网络拓扑的中心性方法（DC、IC、BC、CC、SC 和 NC），MON 方法对排名前 100～前 600 的蛋白质的识别准确率最高，分别比 NC 方法提高了 70.91%、38.10%、31.87%、25.65%、21.51%和 26.45%。尤其在选择排名前 200 的蛋白质时，MON 方法识别关键蛋白质的准确率仍接近 90%，高于 DC、IC、BC、CC、SC、NC、CoEWC、PeC、POEM 和 ION 方法识别排名前 100 的蛋白质的识别准确率。与 FDP 方法相比，MON 方法对排名前 100～前 600 的蛋白质的识别准确率分别提高了 5.62%、6.10%、7.62%、3.21%、2.73%和 6.52%。

5.4.3　PR 曲线验证

本节采用 PR 曲线评价 MON 方法和其他 11 种方法的总体性能。

首先，根据由每种方法获得的排名分数，将蛋白质-蛋白质相互作用网络中的蛋白质降序排列；然后，选择前 K 个蛋白质放入阳性数据集（候选关键蛋白质），而其余蛋白质则存储在阴性数据集（候选非关键蛋白质），K 的取值为 1～5093，在选取不同的 K 值的基础上，分别计算每种方法的准确率和召回率；最后，根据得到的准确率和召回率绘制 PR 曲线。图 5-5（a）显示了 MON 方法与 6 种基于网络拓扑的中心性方法（DC、IC、BC、CC、SC 和 NC）的 PR 曲线，图 5-5（b）显示了 MON 方法与其他 5 种多源数据融合方法（PeC、CoEWC、POEM、ION 和 FDP）的 PR 曲线。从图 5-5 中可以看出，MON 方法的性能明显好于其他 11 种方法的性能。

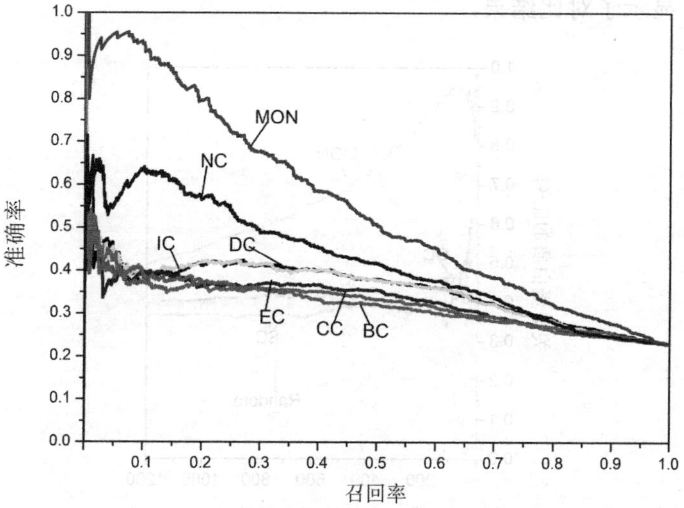

（a）

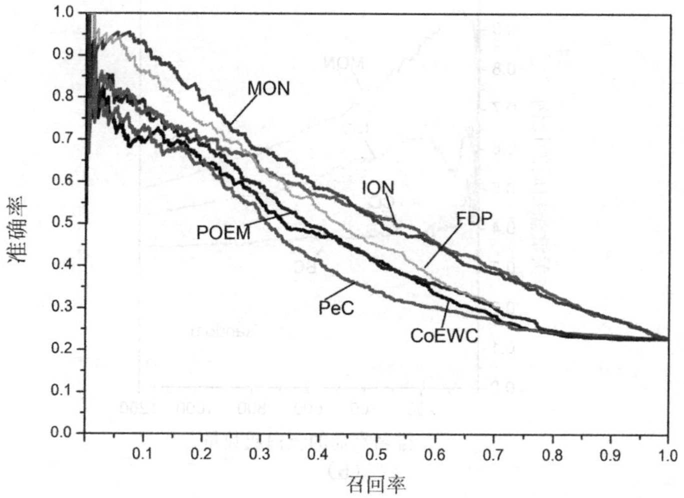

（b）

图 5-5　MON 方法与其他 11 种方法的 PR 曲线

5.4.4 刀切法验证

本节进一步采用刀切法比较 MON 方法和其他 11 种方法的性能。

此外，为了对比，我们还加入了 10 条随机分类的刀切法曲线（图 5-6 中的 Random 曲线）。图 5-6 显示了对比结果，

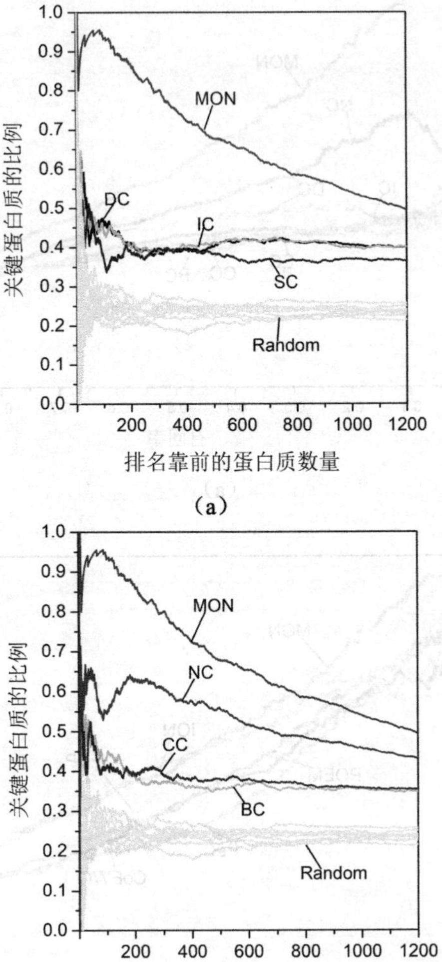

图 5-6　MON 方法与其他 11 种方法的刀切法曲线

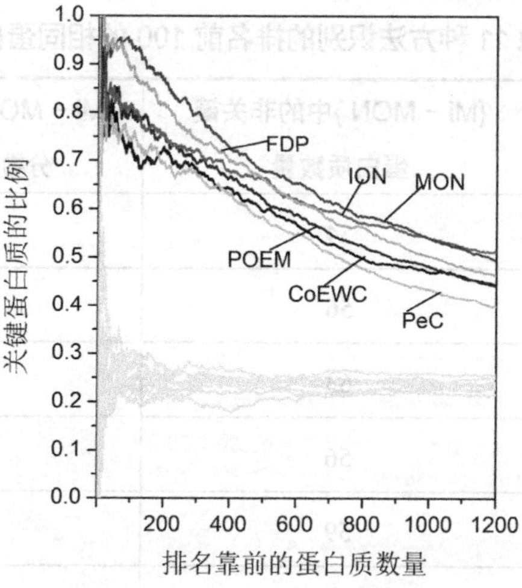

（c）

图 5-6 MON 方法与其他 11 种方法的刀切法曲线（续）

图 5-6（a）显示了 MON 方法与 3 种基于网络拓扑的中心性方法（DC、IC 和 SC）的对比结果，图 5-6（b）显示了 MON 方法与 3 种基于网络拓扑的中心性方法（BC、CC 和 NC）的对比结果，图 5-6（c）显示了 MON 方法与其余 5 种方法（PeC、CoEWC、POEM、ION 和 FDP）的对比结果。如图 5-6 所示，MON 方法的刀切法曲线下的面积明显大于其他 11 种方法的。此外，与随机分类方法相比，MON 方法和其他 11 种方法均取得了更好的性能。

5.4.5 MON 方法与其他方法的差异性分析

为了分析 MON 方法在识别关键蛋白质方面为何，以及如何获得好的性能，本节通过检测一小部分蛋白质来研究 MON 方法与其他 11 种方法之间的关系和差异。对于每种方法，选择排名前 100 的蛋白质进行比较，如表 5-2 所示。

表 5-2　MON 方法和其他 11 种方法识别的排名前 100 的相同蛋白质和不同蛋白质对比分析

Mi	|MON∩Mi|	{Mi－MON }中的非关键蛋白质数量	{Mi－MON }中具有较低的 MON 排名分数的非关键蛋白质的比例
DC	8	54	88.89%
IC	8	56	89.28%
SC	8	63	92.06%
BC	4	56	87.5%
CC	7	59	89.83%
NC	25	42	92.96%
PeC	56	22	81.82%
CoEWC	54	24	83.33%
POEM	62	14	92.96%
ION	54	19	52.63%
FDP	48	8	75%

首先，通过统计分析 MON 方法和其他 11 种方法识别的相同蛋白质数量，对 MON 方法与 DC、BC、CC、SC、IC、NC、PeC、CoEWC、POEM、ION 和 FDP 方法进行了对比。在表 5-2 中，|MON∩Mi|表示被 MON 方法和其他 11 种方法（Mi）识别到的相同蛋白质数量，{Mi－MON}表示被 Mi 识别到而被 MON 方法忽略的蛋白质集合，|Mi－MON|表示被 Mi 识别到而被 MON 方法忽略的蛋白质数量。

如表 5-2 所示，在排名前 100 的蛋白质中，MON 方法与 DC、IC、SC、BC、CC 方法识别的相同蛋白质的比例均低于 10%，而 MON 方法与 NC、FDP 方法识别的相同蛋白质的比例不超过 50%。MON 方法与 PeC、CoEWC、POEM、ION 方法识别相同蛋白质的比例均低于 65%。MON 方法与其他 11 种方法识别的蛋白质仅有小部分相同，表明 MON 方法是一种不同于其他 11 种方法的新的关键蛋白质识别方法。进一步分析其他 11 种方法识别的这些非关键蛋白质后可以发现，6 种基于网络拓扑的中心性方法（DC、IC、BC、CC、SC 和 NC）识别的这些非关键蛋白质中超过 87%的蛋白质具有非常低的 MON 排名分数（低于 0.45）。同样，PeC、CoEWC、POEM 和 ION 方法识别的 50%以上的非关键蛋白质具有非常低的 MON 排名分数（低于 0.45）。

其次，我们分析了 MON 方法和其他 11 种方法识别的不同蛋白质的关键性。

图 5-7 显示了 MON 方法和其他 11 种方法识别的不同蛋白质中关键蛋白质的比例。在图 5-7 中，虚线表示被 MON 方法识别到而被 Mi 忽略的关键蛋白质的比例，实线表示被 Mi 识别到而被 MON 方法忽略的关键蛋白质的比例。

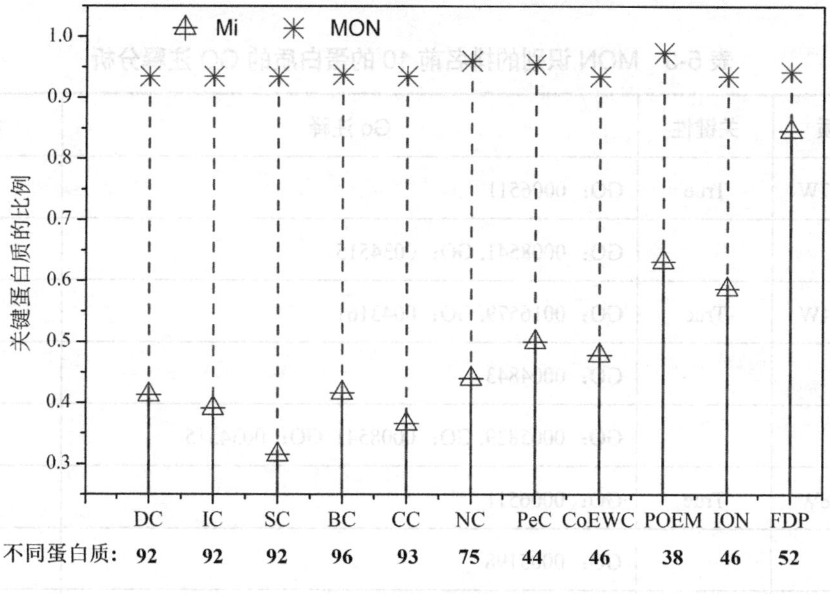

图 5-7　MON 方法与其他 11 种方法识别的不同蛋白质中关键蛋白质的比例

图 5-7 表明，在这些不同的蛋白质中，MON 方法识别的关键蛋白质的比例明显高于其他方法识别的关键蛋白质的比例。这里选择两种具有代表性的方法（BC 和 POEM）作为实例进行分析。与 MON 方法相比，BC 方法表现出最大的蛋白质数量差异，后者表现出最小的蛋白质数量差异。与 BC 方法相比，对于识别的排名 100 的蛋白质，MON 方法识别了 96 个被 BC 方法忽略的蛋白质。在 MON 方法识别的 96 个

不同蛋白质中，93.75%为关键蛋白质，而 BC 方法识别的关键蛋白质的比例仅为 41.67%。MON 和 POEM 方法识别的 38 个不同蛋白质中，MON 方法可以识别 95%以上的关键蛋白质，而 POEM 方法则只能识别不到 64%的关键蛋白质。MON 方法与其他方法（DC、CC、SC、IC、NC、PeC、CoEWC 和 ION）之间的对比结果表明，相比于其他方法，MON 方法可以识别更多的关键蛋白质。

此外，我们还选择了 MON 方法确定的排名前 10 的候选关键蛋白质作为例子，分析它们的 GO 注释。为此，采用 GO Term [40]来表征这些候选关键蛋白质，包括分子功能（MF）、生物过程（BP）和细胞成分（CC）。表 5-3 显示了这 10 个蛋白质的 GO 注释结果，其中 8 个蛋白质是真正的关键蛋白质。

表 5-3　MON 识别的排名前 10 的蛋白质的 GO 注释分析

蛋白质	关键性	Go 注释	类别
YDL147W	True	GO：0006511	BP
		GO：0008541, GO：0034515	CC
YFR004W	True	GO：0016579, GO：0043161	BP
		GO：0004843	MF
		GO：0005829, GO：0008541, GO：0034515	CC
YPR108W	True	GO：0006511	BP
		GO：0005198	MF
		GO：0008541	CC
YDL097C	True	GO：0043248, GO：0006511	BP
		GO：0005198	MF
		GO：0008541, GO：0034515	CC

续表

蛋白质	关键性	Go 注释	类别
YER012W	True	GO：0010499, GO：0043161	BP
		GO：0005789, GO：0034515	CC
YKL145W	True	GO：0006511, GO：0045899	BP
		GO：0016887	MF
		GO：0008540	CC
YFR052W	True	GO：0006511	BP
		GO：0008541, GO：0034515	CC
YHR200W	False	GO：0006511	BP
		GO：0005198	MF
		GO：0008540	CC
YOR261C	True	GO：0006511	BP
		GO：0008541, GO：0034515	CC
YGR232W	False	GO：0006508	BP
		GO：0005829	CC

5.4.6 MON 方法基于 Gavin 网络的性能分析

为了进一步测试 MON 方法的性能，本节在 Gavin 网络上进行了关键蛋白质的识别。采用 MON 方法（α=0.3，β=0.2）和其他 11 种方法（DC、BC、CC、SC、IC、NC、PeC、CoEWC、POEM、ION 和 FDP）计算蛋白质的排序分数。表 5-4 列出了通过这些方法识别的排名前 100～前 600 的蛋白质中关键蛋白质的比例。

表 5-4 MON 方法和其他 11 种方法在 Gavin 网络上识别的关键蛋白质的比例

方法	前 100	前 200	前 300	前 400	前 500	前 600
DC	46.00%	41.00%	38.33%	39.50%	40.20%	41.83%
IC	44.00%	40.00%	39.33%	40.25%	41.40%	41.83%
SC	37.00%	38.50%	39.67%	39.50%	38.40%	36.83%
BC	44.00%	38.50%	37.33%	36.25%	35.40%	36.67%
CC	41.00%	39.50%	39.00%	38.25%	37.80%	38.00%
NC	55.00%	63.00%	60.67%	57.50%	55.80%	51.67%
PeC	73.00%	72.00%	67.67%	64.00%	59.40%	56.83%
CoEWC	74.00%	69.50%	66.67%	63.00%	58.20%	54.67%
POEM	81.00%	75.50%	69.33%	66.75%	62.00%	58.83%
ION	77.00%	77.00%	73.67%	70.50%	65.80%	62.83%
FDP	89.00%	81.50%	75.67%	70.25%	67.00%	63.17%
MON	90.00%	80.00%	74.67%	71.25%	66.80%	62.67%

MON 方法与其他 11 种方法在 Gavin 网络上的刀切法曲线如图 5-8 所示。所有这些实验结果表明，使用 Gavin 网络，MON 方法仍然优于其他 11 种方法。具体来说，在选择排名前 100 的蛋白质时，与 DC、IC、CC、BC、SC、NC、PeC、CoEWC、POEM、ION 和 FDP 方法相比，MON 方法的识别准确率分别提高了 95.65%、104.55%、143.24%、104.55%、119.51%、63.64%、23.29%、21.62%、11.11%、16.88%和 1.12%。

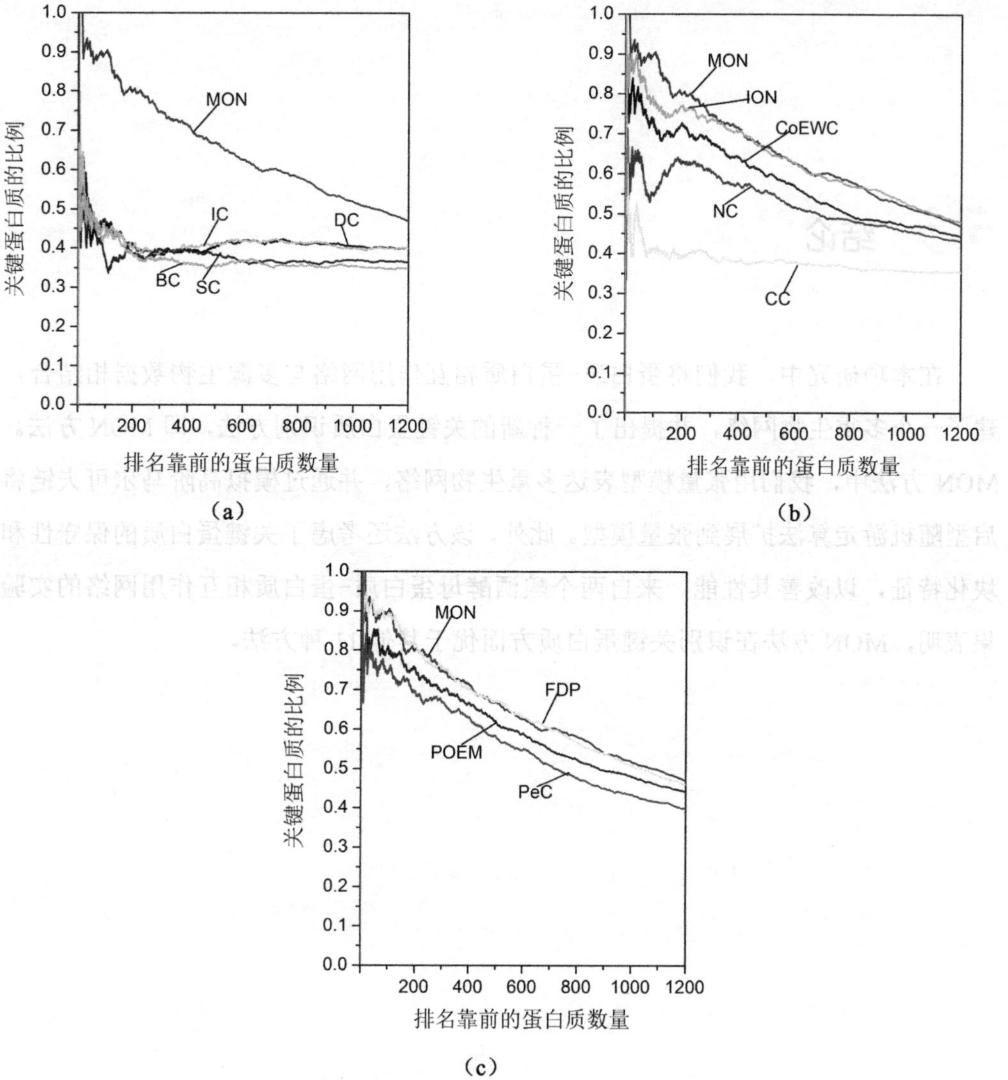

图 5-8　MON 与其他 11 种方法在 Gavin 网络上的刀切法曲线

5.5 结论

在本项研究中，我们将蛋白质-蛋白质相互作用网络与多源生物数据相结合，构建了一个多重生物网络，并提出了一种新的关键蛋白质识别方法，即 MON 方法。在 MON 方法中，我们用张量模型表达多重生物网络，并通过模拟高阶马尔可夫链将重启型随机游走算法扩展到张量模型。此外，该方法还考虑了关键蛋白质的保守性和模块化特征，以改善其性能。来自两个酿酒酵母蛋白质-蛋白质相互作用网络的实验结果表明，MON 方法在识别关键蛋白质方面优于其他 11 种方法。

参考文献

[1] DUBACH J M, KIM E, YANG K, et al. Quantitating drug-target engagement in single cells in vitro and in vivo[J]. Nature Chemical Biology, 2017, 13(2): 168.

[2] ZENG X, LIAO Y, LIU Y, et al. Prediction and validation of disease genes using HeteSim Scores[J]. IEEE/ACM Transactions on Computational Biology and Bioinformatics, 2017, 14(3): 687-695.

[3] LI H, LI T, QUANG D, et al. Network propagation predicts drug synergy in cancers[J]. Cancer Research, 2018, 78(18): 5446-5457.

[4] NARASIMHAN V M, HUNT K A, MASON D, et al. Health and population effects of rare gene knockouts in adult humans with related parents[J]. Science, 2016, 352(6284): 474-477.

[5] INOUYE M. The first demonstration of RNA interference to inhibit mRNA function[J]. Gene, 2016, 592(2): 332-333.

[6] BAYM M, SHAKET L, ANZAI I A, et al. Rapid construction of a whole-genome transposon insertion collection for shewanella oneidensis by knockout sudoku[J]. Nature Communications, 2016, 7: 13270.

[7] HAHN M W, KERN A D. Comparative genomics of centrality and essentiality in three eukaryotic protein-interaction networks[J]. Molecular Biology and Evolution, 2014, 22(4): 803-806.

[8] STEPHENSON K, ZELEN M. Rethinking centrality: methods and examples[J]. Social Networks, 1989, 11(1): 1-37.

[9] WUCHTY S, STADLER P F. Centers of complex networks[J]. Journal of Theoretical Biology, 2003, 223(1): 45-53.

[10] JOY M P, BROCK A, INGBER D E, et al. High-betweenness proteins in the yeast protein interaction network[J]. BioMed Research International, 2005(2): 96-103.

[11] ESTRADA E, RODRIGUEZ-VELAZQUEZ J A. Subgraph centrality in complex networks[J]. Physical Review E, 2005, 71(5): 056103.

[12] WANG J, LI M, WANG H, et al. Identification of essential proteins based on edge clustering coefficient[J]. IEEE/ACM Transactions on Computational Biology and Bioinformatics, 2011, 9(4): 1070-1080.

[13] HSING M, BYLER K G, CHERKASOV A. The use of gene ortology terms for predicting highly-connected'hub'nodes in protein-protein interaction networks[J]. BMC Systems Biology, 2008, 2(1): 80.

[14] PENG W, WANG J, WANG W, et al. Iteration method for predicting essential proteins based on orthology and protein-protein interaction networks[J]. BMC Systems Biology, 2012, 6(1): 87.

[15] LI M, LU Y, NIU Z, et al. United complex centrality for identification of essential proteins from PPI networks[J]. IEEE/ACM Transactions on Computational Biology and Bioinformatics, 2015, 14(2): 70-380.

[16] PENG W, WANG J, CHENG Y, et al. UDoNC: an algorithm for identifying essential proteins based on protein domains and protein-protein interaction networks[J]. IEEE/ACM Transactions on Computational Biology and Bioinformatics, 2015, 12(2): 276-288.

[17] LI M, ZHANG H, WANG J X, et al. A new essential protein discovery method based on the integration of protein-protein interaction and gene expression data[J]. BMC Systems Biology, 2012, 6(1): 15.

[18] ZHANG X, XU J, XIAO W X. A new method for the discovery of essential proteins[J]. PLoS One, 2013, 8(3): e58763.

[19] ZHAO B, WANG J, LI M, et al. Prediction of essential proteins based on overlapping essential modules[J]. IEEE Transactions on NanoBioscience, 2014, 13(4): 415-424.

[20] LEI X, YANG X, WU F. Artificial fish swarm optimization based method to identify essential proteins[J]. IEEE/ACM Transactions on Computational Biology and Bioinformatics, DOI: 10. 1109/TCBB. 2018. 2865567.

[21] ZHANG W, XU J, ZOU X. Predicting essential proteins by integrating network topology, subcellular localization information, gene expression profile and GO annotation data[J]. IEEE/ACM Transactions on Computational Biology and Bioinformatics, DOI: 10.1109/TCBB. 2019. 2916038.

[22] ZHANG F, PENG W, YANG Y, et al. A novel method for identifying essential genes by fusing dynamic protein-protein interactive networks[J]. Gene, 2019, 10(1): 31.

[23] VALDEOLIVAS A, TICHIT L, NAVARRO C, et al. Random walk with restart on multiplex and heterogeneous biological networks[J]. Bioinformatics, 2019, 35(3): 497-505.

[24] DE DOMENICO M, LANCICHINETTI A, ARENAS A, et al. Identifying modular flows on multilayer networks reveals highly overlapping organization in interconnected systems[J]. Physical Review X, 2015, 5(1): 011027.

[25] DIDIER G, BRUN C, BAUDOT A. Identifying communities from multiplex biological networks[J]. PeerJ, 2015, 3: e1525.

[26] WANG P, GAO L, HU Y, et al. Feature related multi-view nonnegative matrix factorization for identifying conserved functional modules in multiple biological networks[J]. BMC Bioinformatics, 2018, 19(1): 394.

[27] SAMEI Z, JALILI M. Application of hyperbolic geometry in link prediction of multiplex networks[J]. Scientific Reports, 2019, 9(1): 1-11.

[28] LI X, WANG J, ZHAO B,et al. Identification of protein complexes from multi-relationship protein interaction networks[J]. Human Genomics, 2016, 10(2): 17.

[29] ZHAO B, HU S, LI X, et al. An efficient method for protein function annotation based on multilayer protein networks[J]. Human Genomics, 2016, 10(1): 33.

[30] XENARIOS I, SALWINSKI L, DUAN X J, et al. DIP, the database of Interacting Proteins: a research tool for studying cellular networks of protein interactions[J]. Nucleic Acids Research, 2022, 30(1), 303-305.

[31] GAVIN A C, ALOY P, GRANDI P, et al. Proteome survey reveals modularity of the yeast cell machinery[J]. Nature, 2006, 440(7084): 631.

[32] PUNTA M, COGGILL P C, EBERHARDT R Y, et al. The Pfam protein families database[J]. Nucleic Acids Research, 2011, 40(D1): D290-D301.

[33] TU B P, KUDLICKI A, ROWICKA M, et al. Logic of the yeast metabolic cycle: temporal compartmentalization of cellular processes[J]. Science, 2005, 310(5751): 1152-1158.

[34] ÖSTLUND G, SCHMITT T, FORSLUND K, et al. InParanoid 7: new algorithms and tools for eukaryotic orthology analysis[J]. Nucleic Acids Research, 2009, 38(Suppl_1): D196-D203.

[35] MEWES H W, FRISHMAN D, MAYER K F, et al. MIPS: analysis and annotation of proteins from whole genomes in 2005[J]. Nucleic Acids Research, 2006, 34(Suppl_1): D169-D172.

[36] CHERRY J M, HONG E L, AMUNDSEN C, et al. Saccharomyces genome database: the genomics resource of budding yeast[J]. Nucleic Acids Research, 2011, 40(D1): D700-D705.

[37] ZHANG R, LIN Y. DEG 5.0, a database of essential genes in both prokaryotes and eukaryotes[J]. Nucleic Acids Research, 2008, 37(Suppl_1): D455-D458.

[38] JALILI M, OROUSKHANI Y, ASGARI M, et al. Link prediction in multiplex online social networks[J]. Royal Society Open Science, 2017, 4(2): 160863.

[39] ZHAO B, WANG J, LI X, et al. Essential protein discovery based on a combination of modularity and conservatism[J]. Methods, 2016, 110: 54-63.

[40] ASHBURNER M, BALL C A, BLAKE J A, et al. Gene ortology: tool for the unification of biology[J]. Nature Genetics, 2000, 25(1): 25-29.

第 6 章

面向异构网络随机游走算法的关键蛋白质识别方法

本章设计了一种新的用于关键蛋白质识别的迭代模型，命名为 RWHN。在 RWHN 方法中，首先在现有的蛋白质-蛋白质相互作用网络和已知的蛋白质-结构域关联网络的基础上构建了加权蛋白质-蛋白质相互作用网络和结构域-结构域关联网络；然后将这两个网络与蛋白质-结构域关联网络相结合，建立了一个新的异构网络，并在异构网络的基础上，通过归一化运算建立转移概率矩阵；最后在异构网络上采用改进的 PageRank 算法对关键蛋白质进行识别。为了消除假阴性的影响，将蛋白质同源信息和蛋白质亚细胞定位信息结合起来，初始化蛋白质分数向量。RWHN 方法在识别过程中考虑了关键蛋白质的拓扑结构、保守性和功能特征。实验结果表明，RWHN 方法在预测关键蛋白质方面明显优于其他方法。我们发现，将多源生物数据整合到一个异构网络中可以保留多个生物数据之间的复杂关系，并提高关键蛋白质的识别准确率。也就是说，我们提出的 RWHN 方法对关键蛋白质的识别是有效的。

6.1 引言

在生物学中，关键蛋白质主要是通过生物医学实验确定的，这些方法成本高、低效且耗时。因此，提出有效的计算方法来识别关键蛋白质已成为热点问题之一。大多数关键蛋白质识别的计算方法都是基于蛋白质-蛋白质相互作用网络的。Jeong 等[1]提出了中心性-致死性规则，指出蛋白质的关键性与网络拓扑特性密切相关。受这一发现的启发，人们开发了几种经典的基于网络拓扑的中心性方法，如 DC[2]、IC[3]、CC[4]、BC[5]、SC[6]和 NC[7]。Ning 等[8]提出了一种基于蛋白质网络逆近邻的中心性方法。Estrada[9]发现，二分性较低的蛋白质更有可能是关键蛋白质。Yu 等[10]发现网络中的瓶颈节点往往是关键蛋白质。此外，基于节点的删除策略[11]是衡量节点重要性的有效方法。这些方法大多很少分析其他已知关键蛋白质的内在特性，而仅仅利用网络的拓扑特性。此外，由于实验条件的限制，蛋白质-蛋白质相互作用数据中存在噪声，影响关键蛋白质的识别准确率。在蛋白质-蛋白质相互作用网络中，提高识别算法对假阳性数据的容错能力是一个迫切需要解决的问题。

为了克服基于网络的拓扑特性的局限性，研究人员通过结合拓扑特性和其他生物信息来识别关键蛋白质。Ren 等[12]将网络的拓扑特性与复杂信息相结合，提出了复杂中心性指标，称为边缘聚类系数（Edge Clustering Coefficient，ECC）。Li 等[13]结合相互作用数据和基因表达数据设计了识别关键蛋白质的 PeC 方法。作为 PeC 方法的改进版本，CoEWC[14]提出了一种结合网络拓扑特性和基于基因表达谱的蛋白质共表达特性的关键蛋白质识别方法，命名为 CoEWC。在我们之前的工作中，我们提出了一种基于相同模块挖掘的关键蛋白质识别方法，命名为 POEM[15]。该方法将基因表达数据与网络的拓扑特性相结合，构建可靠的加权网络。Peng 等[16]结合蛋白质同源信息和蛋白质-蛋白质相互作用网络提出了一种迭代的关键蛋白质识别方法，命名为ION。

近年来，人们提出了多种整合多源生物数据的关键蛋白质识别方法。Li 等[17]将复杂信息与网络的拓扑特性相结合，提出了联合复中心性。Luo 和 Wu[18]采用基于边缘聚集系数的基因表达数据、复杂信息识别关键蛋白质。考虑到关键蛋白质的保守性和模块化，我们开发了一种名为 PEMC 的方法，通过结合结构域信息、蛋白质同源信息和基因表达数据来识别关键蛋白质[19]。在人工鱼群优化的基础上，我们提出了 AFSO_EP[20]方法，该方法将蛋白质-蛋白质相互作用网络、基因表达、GO 注释和蛋白质亚细胞定位信息集成在一起，以建立加权网络。

综上所述，现有的关键蛋白质识别方法旨在通过结合多源生物数据来提高识别准确率，弥补蛋白质-蛋白质相互作用数据不完整的缺陷。这些数据包括基因表达数据、蛋白质结构域数据、蛋白质复合体数据等。一般来说，他们通过对蛋白质-蛋白质相互作用数据和多源生物数据进行加权汇总构建一个单一网络，并采用基于图的方法、迭代法等识别关键蛋白质。然而，构建可靠的单一网络的方式容易忽略生物特征的差异性和功能相关性，掩盖异构数据的内在属性。为了突破这一限制，我们构建了一个基于蛋白质-蛋白质相互作用网络和蛋白质-结构域关联网络的异构网络，并提出了一种新的计算模型——RWHN 来识别关键蛋白质。首先，在原有的蛋白质-蛋白质相互作用网络和已知的蛋白质-结构域关联网络（PDN）的基础上构建加权蛋白质-蛋白质相互作用网络（PN）和结构域-结构域关联网络（DN）；然后，将上述两个网络与蛋白质-结构域关联网络相结合，建立一个新的异构网络；最后，采用改进的随机游走算法从异构网络中识别关键蛋白质。为了评估 RWHN 方法的性能，我们在酿酒酵母蛋白质-蛋白质相互作用网络和大肠杆菌蛋白质-蛋白质相互作用网络上使用 RWHN 方法，以及其他 10 种关键蛋白质识别方法。实验结果表明，RWHN 方法的性能显著优于其他 10 种方法的性能。

6.2 RWHN方法

6.2.1 构建加权蛋白质-蛋白质相互作用网络

为了减小假阳性的负面影响，我们在分析蛋白质-蛋白质相互作用网络拓扑特性的基础上，构建了加权蛋白质-蛋白质相互作用网络。相互作用的权重表示其存在的可能性或可靠性。给定一对蛋白质 p_i 和 p_j，使用改进的聚集系数计算蛋白质-蛋白质相互作用网络中蛋白质之间相互作用的权重。用 WP 表示蛋白质对之间的关系，边(p_i, p_j)的权重可以定义为

$$\mathrm{WP}(p_i,p_j)=\begin{cases}\dfrac{|N_{p_i}\cap N_{p_j}|^2}{(|N_{p_i}|-1)(|N_{p_j}|-1)}, & |N_{p_i}|,|N_{p_j}|>1\\ 0, & \text{其他}\end{cases} \tag{6-1}$$

其中，N_{p_i} 和 N_{p_j} 分别表示蛋白质 p_i、p_j 的直接邻居节点列表；$N_{p_i}\cap N_{p_j}$ 表示蛋白质 p_i、p_j 的共同邻居节点集。

6.2.2 构建蛋白质-结构域关联网络

蛋白质-结构域关联网络是直接基于结构域信息构建的。如果蛋白质 p_i 包含结构域 d_j，则蛋白质-结构域关联网络中的 p_i 与 d_j 用一条边连接，并且记为 $M_{\mathrm{PD}}(i,j)=1$；否则，它们之间没有边，即 $M_{\mathrm{PD}}(i,j)=0$。M_{PD} 为蛋白质-结构域关联网络对应的邻接矩阵。

6.2.3 构建结构域-结构域关联网络

研究[21]证实了结构域与蛋白质的关键性之间的高度相关性。受到此项研究的启发，我们采用蛋白质结构域数据构建异构网络。结构域-结构域关联网络是在此前构建的加权蛋白质-蛋白质相互作用网络和已知的蛋白质-结构域关联网络的基础上构建的。设 d_i 和 d_j 为两个不同的结构域，从 $\mathrm{WP}(p_x, p_y)$中选取最大值计算给定蛋白质 p_y 与蛋白质组 $P(d_j)$之间的关联，计算公式如下：

$$S(p_y, P(d_j)) = \max_{p_x \in P(d_j)} (\mathrm{WP}(p_x, p_y)) \tag{6-2}$$

根据式（6-2），对于每对结构域 d_i 和 d_j，它们之间的权重可以计算为

$$\mathrm{WD}(d_i, d_j) = \frac{\sum_{p_y \in P(d_i)} S(p_y, P(d_j)) + \sum_{p_x \in P(d_j)} S(p_x, P(d_i))}{|P(d_i)| + |P(d_j)|} \tag{6-3}$$

其中，$P(d_i)$和 $P(d_j)$分别表示包含结构域 d_i、d_j 的蛋白质列表；$S(p_y, P(d_j))$表示蛋白质 p_y 和结构域 d_j 的蛋白质组 $P(d_j)$之间的关联。

6.2.4 初始化蛋白质和结构域的分数向量

在对蛋白质进行评分时，既考虑了基于蛋白质亚细胞定位信息得到的功能特征，又考虑了基于蛋白质同源信息得到的保守性特征。首先计算蛋白质亚细胞定位的重要性分数：

$$\mathrm{Sub}(i) = \frac{|P(i)|}{\max_{1 \leqslant j \leqslant m} (|P(j)|)} \tag{6-4}$$

其中，$|P(i)|$为与第 i 个亚细胞定位相关的蛋白质数量；m 为不同类型亚细胞定位的总数量。对于给定的蛋白质 p_i，其功能分数可计算为

$$\mathrm{S\_Score}(p_i)=\max_{j\in S(p_i)}(\mathrm{Sub}(j)) \tag{6-5}$$

其中，$S(p_i)$是与蛋白质 p_i 相关的亚细胞定位列表。

蛋白质 p_i 的保守性分数由蛋白质同源信息得到，定义如下：

$$\mathrm{I\_Score}(p_i)=\frac{I(p_i)}{\max\limits_{1\leqslant j\leqslant n}(I(p_j))} \tag{6-6}$$

在得到蛋白质的功能特征分数和保守性分数后，将其初始化分数定义为

$$h_0(p_i)=[\mathrm{S\_Score}(p_i)+\mathrm{I\_Score}(p_i)]/2 \tag{6-7}$$

对于结构域，它们的初始化分数根据其相关蛋白质的初始化分数计算得到。给定一个结构域 d_j，其初始化分数使用以下公式计算：

$$h_0(d_j)=\max_{p_x\in \mathrm{S\_P}(d_j)}(h_0(p_x)) \tag{6-8}$$

其中，$\mathrm{S_P}(d_j)$是包含结构域 d_j 的蛋白质列表。

6.2.5 面向异构网络的随机游走

根据已构建的加权蛋白质-蛋白质相互作用网络（PN）、蛋白质-结构域关联网络（PDN）和结构域-结构域关联网络（DN），基于随机游走的预测模型 RWHN 由以下 3 个步骤组成。

第 1 步：构建异构矩阵 **HM**。

PN、DN 和 PDN 可以分别表示为 $n\times n$ 邻接矩阵 $\boldsymbol{M}_{\mathrm{P}}$、$m\times m$ 邻接矩阵 $\boldsymbol{M}_{\mathrm{D}}$ 和 $n\times m$ 邻接矩阵 $\boldsymbol{M}_{\mathrm{PD}}$，其中，$n$ 和 m 分别表示蛋白质与结构域的数量。因此，构造的异构矩阵 **HM** 可以表示为

$$\mathbf{HM}=\begin{bmatrix} \boldsymbol{M}_{\mathrm{P}} & \boldsymbol{M}_{\mathrm{PD}} \\ \boldsymbol{M}_{\mathrm{PD}}^{\mathrm{T}} & \boldsymbol{M}_{\mathrm{D}} \end{bmatrix} \tag{6-9}$$

其中，$\boldsymbol{M}_{\mathrm{PD}}^{\mathrm{T}}$ 表示矩阵 $\boldsymbol{M}_{\mathrm{PD}}$ 的转置矩阵。图 6-1 展示了建立异构矩阵 **HM** 的过程，输入文件包括原始蛋白质-蛋白质相互作用网络和蛋白质-结构域信息。其中，圆形节点和矩形节点分别代表蛋白质与结构域。

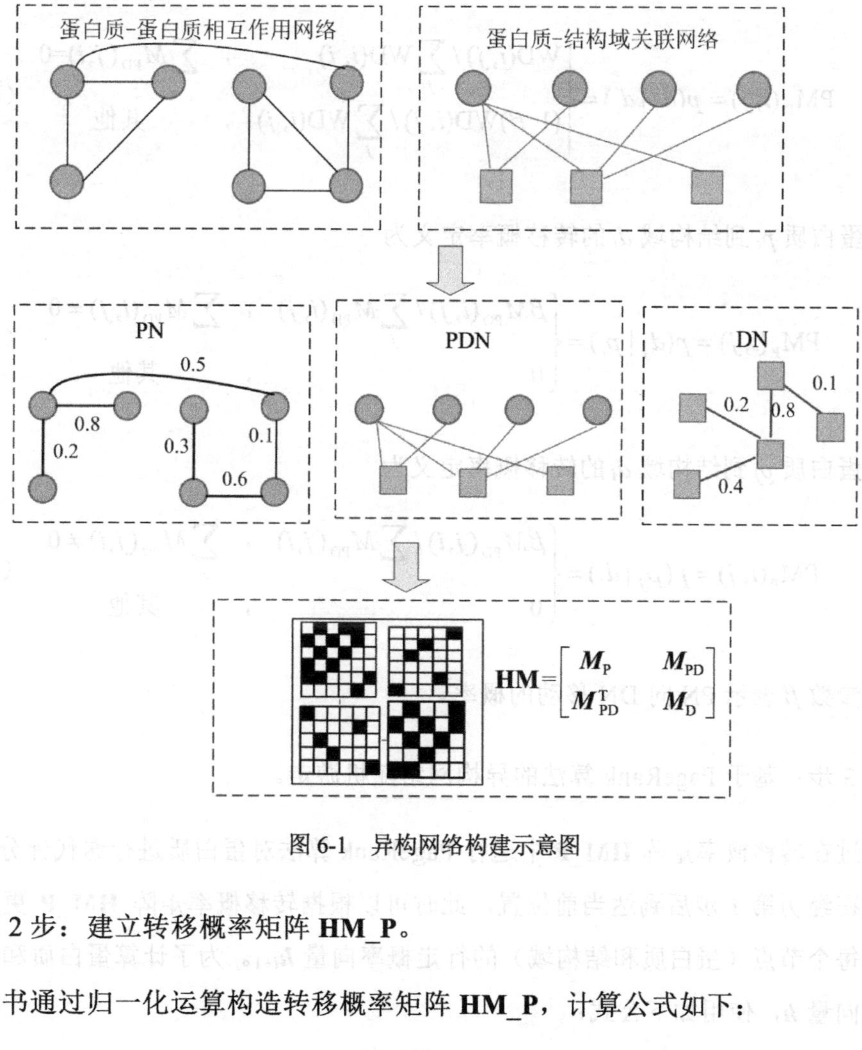

图 6-1　异构网络构建示意图

第 2 步：建立转移概率矩阵 **HM_P**。

本书通过归一化运算构造转移概率矩阵 **HM_P**，计算公式如下：

$$\mathbf{HM\_P}=\begin{bmatrix} \mathbf{PM}_{\mathrm{P}} & \mathbf{PM}_{\mathrm{PD}} \\ \mathbf{PM}_{\mathrm{PD}}^{\mathrm{T}} & \mathbf{PM}_{\mathrm{D}} \end{bmatrix} \tag{6-10}$$

从蛋白质 p_i 到蛋白质 p_j 的转移概率定义为

$$\mathrm{PM_P}(i,j)=p(p_j\mid p_i)=\begin{cases}\mathrm{WP}(i,j)/\sum_j \mathrm{WP}(i,j) & ,\ \sum_j M_{\mathrm{PD}}(i,j)=0\\(1-\beta)\mathrm{WP}(i,j)/\sum_j \mathrm{WP}(i,j) & ,\ \text{其他}\end{cases}\tag{6-11}$$

从结构域 d_i 到结构域 d_j 的转移概率定义为

$$\mathrm{PM_D}(i,j)=p(d_j\mid d_i)=\begin{cases}\mathrm{WD}(i,j)/\sum_j \mathrm{WD}(i,j) & ,\ \sum_j M_{\mathrm{PD}}(j,i)=0\\(1-\beta)\mathrm{WD}(i,j)/\sum_j \mathrm{WD}(i,j) & ,\ \text{其他}\end{cases}\tag{6-12}$$

从蛋白质 p_i 到结构域 d_j 的转移概率定义为

$$\mathrm{PM_P}(i,j)=p(d_j\mid p_i)=\begin{cases}\beta M_{\mathrm{PD}}(i,j)/\sum_j M_{\mathrm{PD}}(i,j) & ,\ \sum_j M_{\mathrm{PD}}(i,j)\neq 0\\0 & ,\ \text{其他}\end{cases}\tag{6-13}$$

从蛋白质 p_j 到结构域 d_i 的转移概率定义为

$$\mathrm{PM_P}(i,j)=p(p_j\mid d_i)=\begin{cases}\beta M_{\mathrm{PD}}(j,i)/\sum_j M_{\mathrm{PD}}(j,i) & ,\ \sum_j M_{\mathrm{PD}}(j,i)\neq 0\\0 & ,\ \text{其他}\end{cases}\tag{6-14}$$

其中，参数 β 表示 PN 向 DN 移动的概率。

第 3 步：基于 PageRank 算法的异构网络随机游走。

通过在转移概率矩阵 **HM_P** 中运行 PageRank 算法对蛋白质进行迭代评分。假设步行者在经历第 i 步后到达当前位置，此时可以根据转移概率矩阵 **HM_P** 更新异构网络中每个节点（蛋白质和结构域）的行走概率向量 $\boldsymbol{h}_{i+1}$。为了计算蛋白质和结构域的分数向量 $\boldsymbol{h}$，使用如下公式：

$$\boldsymbol{h}_{i+1}=(1-\alpha)\mathbf{HM\_P}\cdot\boldsymbol{h}_i+\alpha\boldsymbol{h}_0\tag{6-15}$$

其中，参数α用于调整初始化分数与最后一次迭代分数的比例和转移概率。本书提出的 RWHN 模型的总体框架可以表示为算法 6-1。

算法 6-1：RWHN

Input： A PPI network $G=(V, E)$, orthology and subcellular localization data sets, domain data, stopping error ε, parameter α, parameter β

Output： Top K percent of proteins sorted by the vector $\boldsymbol{h}$ in descending order

Step1： Generate the weighted network PN by Equation（6-1）;

Step2： Generate the weighted network DN by Equation（6-2）and Equation（6-3）

Step3： Calculate initial scores of proteins by Equation（6-4）～Equation（6-7）

Step4： Calculate initial scores of domains by Equation（6-8）

Step5： Construct the transition matrix of the heterogeneous network by Equation（6-10）～Equation（6-13）

Step6： Compute $\boldsymbol{h}_{i+1}$ by Equation（6-13）, let $i=i+1$

Step7： Repeat Step 6 until $\|\boldsymbol{h}_i-\boldsymbol{h}_{i-1}\|_1<\varepsilon$

Step8： Sort proteins by the value of $\boldsymbol{h}$ in the descending order

Step9： Output top K percent of sorted proteins

6.3 实验结果和分析

6.3.1 实验数据

为了评估 RWHN 方法的性能，本节在两个酿酒酵母蛋白质-蛋白质相互作用网络（DIP 网络[22]和 Gavin 网络[23]）上运行 RWHN 方法和其他 10 种方法（DC[2]、IC[3]、CC[4]、BC[5]、SC[6]、NC[7]、PeC[13]、CoEWC[14]、POEM[15]和 ION[16]）。在 DIP 和 Gavin 网络上，我们过滤掉了自交互作用和重复交互作用。已知 DIP 网络中有 5093 个蛋白质和 24743 种相互作用，Gavin 网络中有 1855 个蛋白质和 7669 种相互作用。作为异构网络的基础，结构域数据从 Pfam 数据库[24]下载。DIP 和 Gavin 网络中分别包含 1081 与 744 种不同类型的结构域。因此，由 DIP 和 Gavin 网络导出的异构矩阵 **HM** 的维数分别为(5093+1081)×(5093+1081)与(1855+744)×(1855+744)。

用于评估蛋白质的蛋白质亚细胞定位信息来源于 COMPARTMENTS 数据库[25]（下载时间为 2014 年 4 月 20 日）。这里只保留了与 COMPARTMENTS 数据库中真核细胞必需蛋白质密切相关的 11 类亚细胞定位（或区室）。蛋白质同源信息也用于对蛋白质和结构域的特征进行初始评分，它来自 InParanoid 数据库（Version 7）[26]。

从 MIPS[27]、SGD[28]、DEG[29]和 OGEE[30]4 个数据库中导出由 1285 个酿酒酵母关键基因组成的基准集。

6.3.2 对比 10 种关键蛋白质识别方法

为了评估 RWHN 方法的性能，本节比较了 RWHN 方法（α=0.3，β=0.2）和其

他 10 种方法识别的关键蛋白质数量，并挑选出排名最高的各种百分比的蛋白质作为候选关键蛋白质。图 6-2 显示了对比结果。

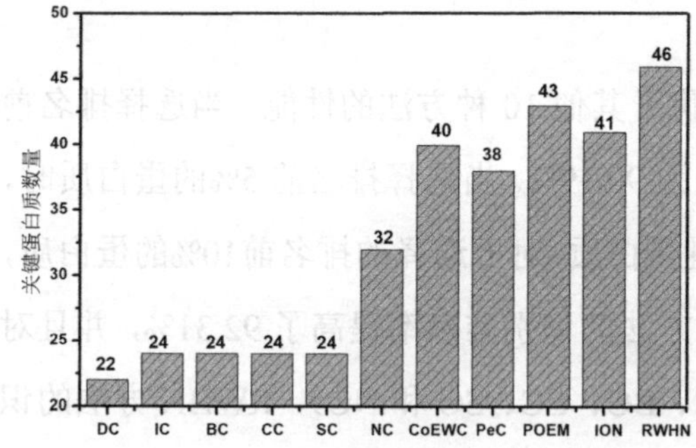

（a）前 1%

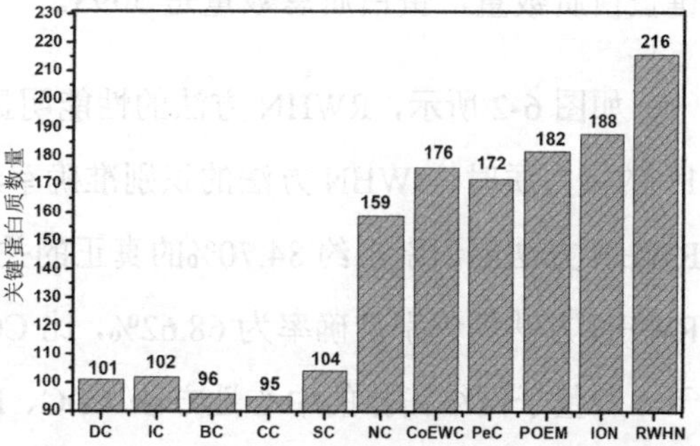

（b）前 5%

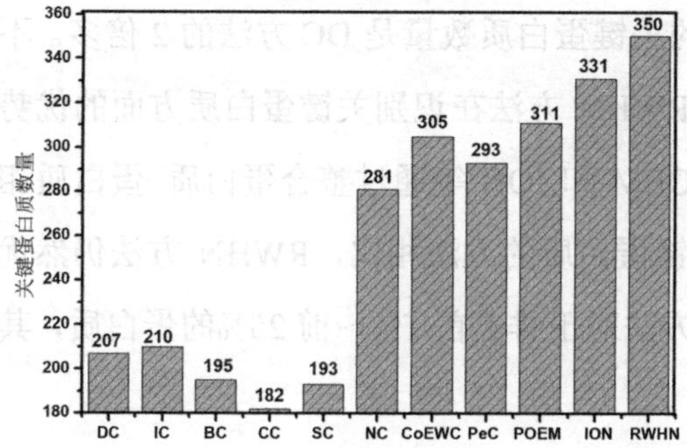

（c）前 10%

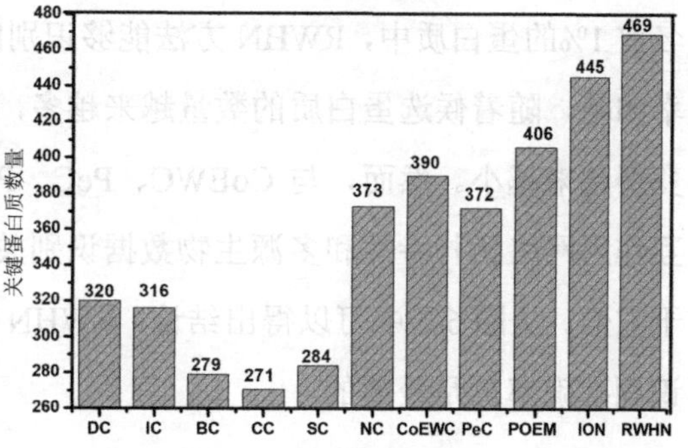

（d）前 15%

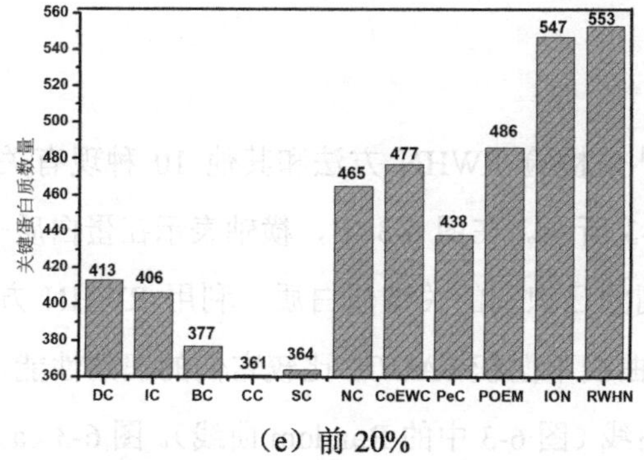

（e）前 20%

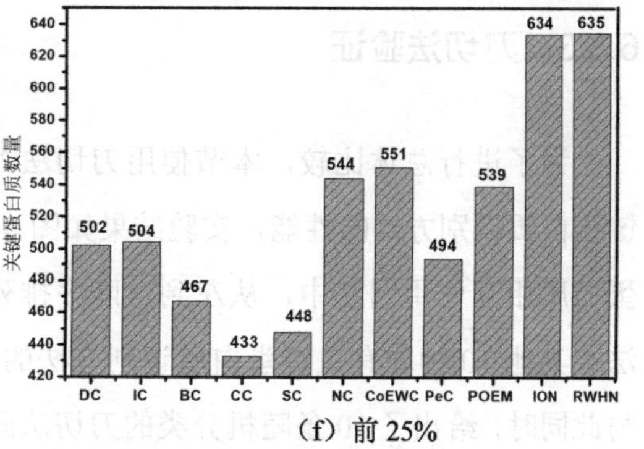

（f）前 25%

图 6-2 RWHN 方法与其他 10 种方法识别的关键蛋白质数量对比

在图 6-2 中，蛋白质-蛋白质相互作用网络的蛋白质根据各种方法计算出的排名分数按降序排列，选择排名前 1%、5%、10%、15%、20%和 25%的蛋白质作为关键蛋白质的候选蛋白质。根据已知的关键蛋白质列表，用真正的关键蛋白质数量来判断每种方法的性能。图 6-2 显示了在排名最高的蛋白质中，每种方法识别出的真正的关键蛋白质数量，蛋白质总数量是 5093。

如图 6-2 所示，RWHN 方法的性能明显优于其他 10 种方法的性能。当选择排名前 1%的蛋白质时，RWHN 方法的识别准确率约为 90.19%。当选择排名前 5%的蛋白质时，RWHN 方法能识别出约 84.70%的真正的关键蛋白质。对于选择的排名前10%的蛋白质，RWHN 方法的识别准确率为 68.62%，比 CC 方法的识别准确率提高了 92.31%，并且对于 6 种基于网络拓扑的中心性方法（DC、IC、BC、CC、SC 和 NC），RWHN 方法的识别准确率分别提高了 43.75%、35.85%、24.56%、25.74%、18.92%和 16.73%。尤其在排名前 1%的蛋白质中，RWHN 方法能够识别的关键蛋白质数量是 DC 方法的 2 倍多。不幸的是，随着候选蛋白质的数量越来越多，RWHN 方法在识别关键蛋白质方面的优势变得越来越小。然而，与 CoEWC、PeC、POEM 和 ION 等通过整合蛋白质-蛋白质相互作用网络拓扑特性和多源生物数据识别关键蛋白质的方法相比，RWHN 方法仍然优于它们。从图 6-2 中可以得出结论：RWHN 方法对于排名前 1%～前 25%的蛋白质，其识别准确率总是最高的。

6.3.3 刀切法验证

为了进行总体比较，本节使用刀切法[31]来检验 RWHN 方法和其他 10 种现有关键蛋白质识别方法的性能，实验结果如图 6-3 所示。在图 6-3 中，横轴表示在蛋白质-蛋白质相互作用网络中，从左到右降序排列的已识别的关键蛋白质。利用 RWHN 方法和其他 10 种现有关键蛋白质识别方法的曲线下面积（AUC）比较它们的识别性能。与此同时，给出了 10 条随机分类的刀切法曲线（图 6-3 中的 Random 曲线）。图 6-3（a）所示为 RWHN 方法与 DC、IC、SC 方法的对比结果，可以看出，RWHN 方法的性能始终优于这 3 种基于网络拓扑的中心性方法的性能。图 6-3（b）显示了 RWHN 方法与其他 3 种基于网络拓扑的中心性方法（BC、CC 和 NC）的对比结果。在这些方法中，RWHN 方法的识别准确率仍然超过其他任何方法的识别准确率。图 6-3（c）所示为 RWHN 方法与 CoEWC、PeC、POEM、ION 几种多源生物数据整合方法的对比结果，可以看出，RWHN 方法与这 4 种方法之间的性能差距越来越小。当排序蛋白质数量接近 1200 时，RWHN 与 ION 方法的刀切法曲线几乎重合。即便如此，RWHN 方法仍胜过 CoEWC、PeC、POEM 和 ION 方法。此外，这 11 种方法的性能都优于随机分类方法的性能。

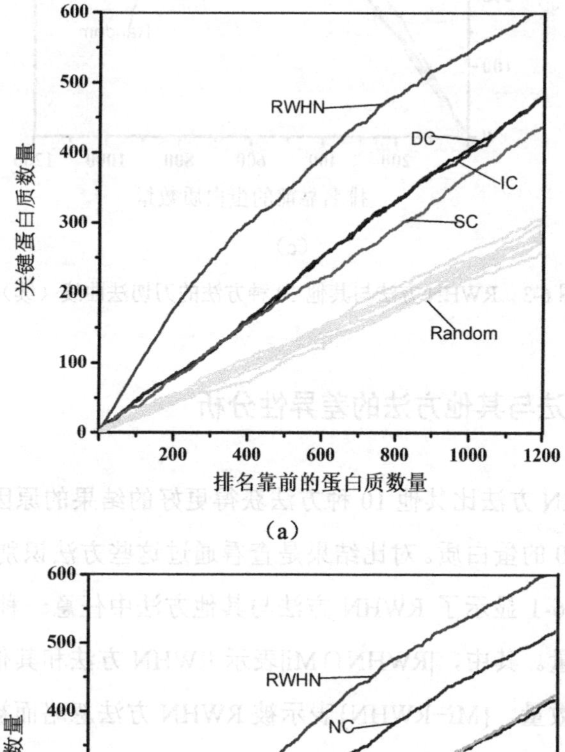

(a)

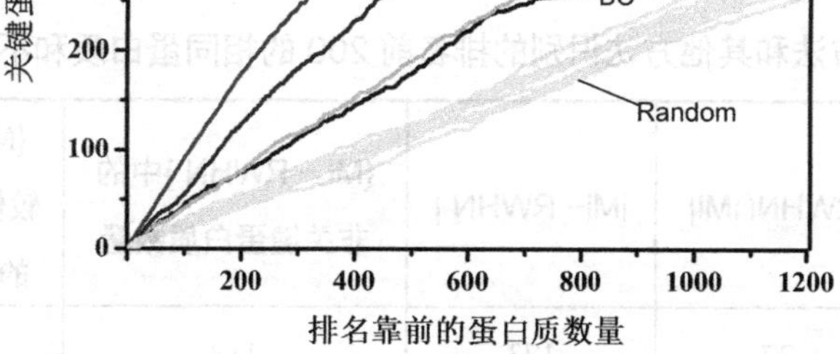

(b)

图 6-3　RWHN 方法与其他 10 种方法的刀切法曲线

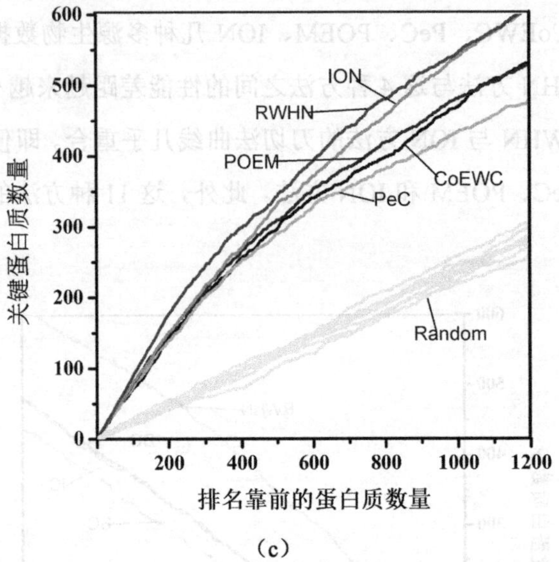

（c）

图 6-3 RWHN 方法与其他 10 种方法的刀切法曲线（续）

6.3.4 RWHN 方法与其他方法的差异性分析

为了分析 RWHN 方法比其他 10 种方法获得更好的结果的原因，本节对比每种方法识别的排名前 200 的蛋白质。对比结果是查看通过这些方法识别了多少相同蛋白质和不同蛋白质。表 6-1 显示了 RWHN 方法与其他方法中任意一种识别的相同蛋白质和不同蛋白质的数量。其中，|RWHN∩Mi|表示 RWHN 方法和其他 10 种方法（Mi）识别的相同蛋白质数量，{Mi−RWHN}表示被 RWHN 方法忽略而被 Mi 识别到的蛋白质集合，|Mi−RWHN|表示集合{Mi−RWHN}中的蛋白质数量。

表 6-1 RWHN 方法和其他方法识别的排名前 200 的相同蛋白质和不同蛋白质对比分析

Mi	|RWHN∩Mi|	|Mi− RWHN |	{Mi − RWHN }中的非关键蛋白质数量	{Mi − RWHN } 中具有较低的 RWHN 排名分数的非关键蛋白质的比例
DC	27	173	118	83.90%
IC	26	174	118	84.75%

续表

Mi	|RWHN∩Mi|	|Mi− RWHN |	{Mi − RWHN }中的非关键蛋白质数量	{Mi − RWHN } 中具有较低的 RWHN 排名分数的非关键蛋白质的比例
SC	24	176	120	87.50%
BC	23	177	118	89.83%
CC	23	177	110	89.09%
NC	44	156	73	86.30%
PeC	68	132	53	79.25%
CoEWC	69	131	51	76.47%
POEM	69	131	46	71.74%
ION	110	90	40	82.50%

如表 6-1 所示，在排名前 200 的蛋白质中，RWHN 方法与其他 10 种方法识别的蛋白质存在较大差异。从表 6-1 的第二列可以看出，RWHN 方法与 DC、IC、SC、BC、CC 方法识别的相同蛋白质的比例均低于 15%，这意味着 RWHN 方法与这些方法几乎不存在相同蛋白质。RWHN 方法和 NC 方法识别的相同蛋白质的比例不超过 25%。此外，RWHN 方法与 PeC、CoEWC、POEM 方法识别的相同蛋白质的比例均低于 35%，RWHN 方法与 ION 方法识别的相同蛋白质的比例为 55%。这些不同蛋白质中有超过 40%的蛋白质是非关键蛋白质。非关键蛋白质的最高比例达 68%。此外，根据其他方法识别的这些非关键蛋白质可以发现，在排名前 200 的非关键蛋白质中，超过 70%的非关键蛋白质在 RWHN 计算中的排名分数很低。例如，在 BC 或 CC 方法识别的排名前 200 的蛋白质中，约有 89%的非关键蛋白质在 RWHN 中被标记为低分。在 POEM 方法的识别的结果中，约有 70%的非关键蛋白质的 RWHN 排名分数较低。这意味着 RWHN 方法可以排斥很多非关键蛋白质，这是其他方法不能做到的。结果表明，与其他 10 种方法相比，RWHN 方法是一种非常有效的识别方法。

为了进一步进行比较，本节还统计分析了 RWHN 方法和其他方法识别的不同关键蛋白质的比例。图 6-4 显示了 RWHN 方法与其他 10 种方法识别的不同蛋白质中关键蛋白质的比例。

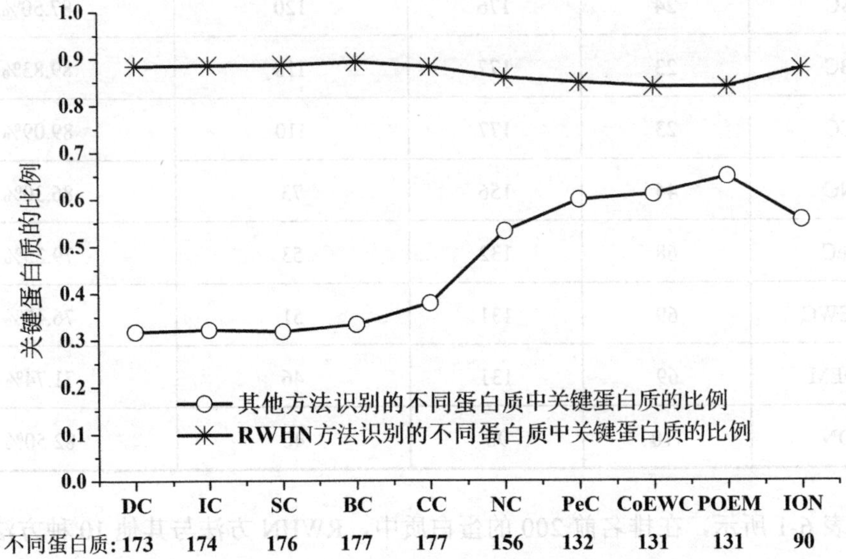

图 6-4 RWHN 方法与其他 10 种方法识别的不同蛋白质中关键蛋白质的比例

如图 6-4 所示，RWHN 方法总是比其他方法能够识别更多的关键蛋白质。与 POEM 方法相比，RWHN 方法共识别到 131 个不同蛋白质。在这些蛋白质中，大约 86%是关键蛋白质；相反，被 RWHN 方法忽略的不同蛋白质中，只有 64.88%是关键蛋白质。事实上，在排名前 200 的蛋白质中，RWHN 方法可以发现更多的关键蛋白质，这是其他 10 种方法无法做到的。由此可见，RWHN 方法不仅可以识别到更多被其他 10 种方法忽略的关键蛋白质，还可以拒绝大量不能被这些方法忽略的非关键蛋白质。这些统计结果不难解释为什么 RWHN 方法可以获得较好的性能。

6.3.5 PR 曲线验证

本节采用 PR 曲线来评价 RWHN 方法的整体性能，并与其他 10 种方法进行比较。首先，根据每种方法计算的排名分数对蛋白质-蛋白质相互作用网络中的蛋白质进行降序排列。然后，挑出前 *K* 个蛋白质放入阳性数据集（候选关键蛋白质），其余蛋白质在蛋白质-蛋白质相互作用网络中存储于阴性数据集（候选非关键蛋白质）。*K* 的取为 1～5093。选取不同的 *K* 值，分别计算每种方法的准确率和召回率，进而绘制 PR 曲线。

图 6-5（a）显示了 RWHN 方法和其他 6 种基于网络拓扑的中心性方法（DC、IC、BC、CC、SC 和 NC）的 PR 曲线。图 6-5（b）所示为 RWHN 方法与 PeC、CoEWC、POEM 和 ION 四种方法的 PR 曲线。可以看出，RWHN 方法的 PR 曲线明显高于所有基于网络拓扑的中心性方法的 PR 曲线。

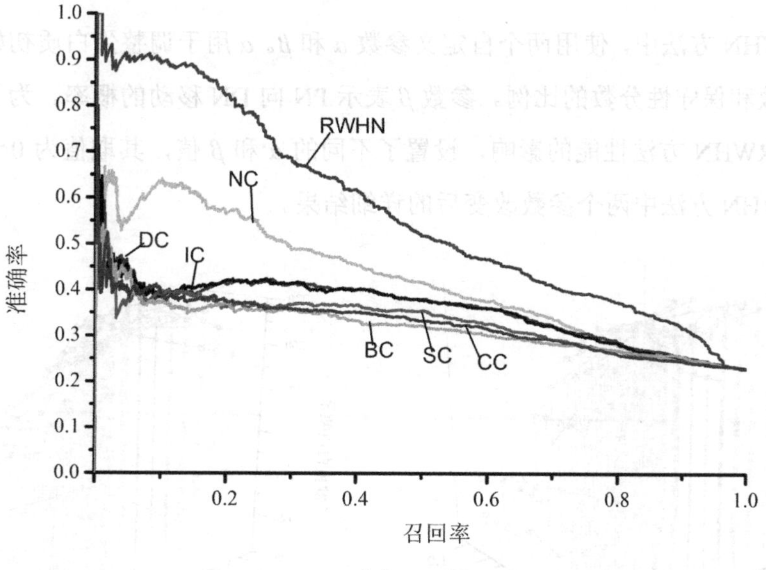

（a）

图 6-5　RWHN 方法与其他 10 种方法的 PR 曲线

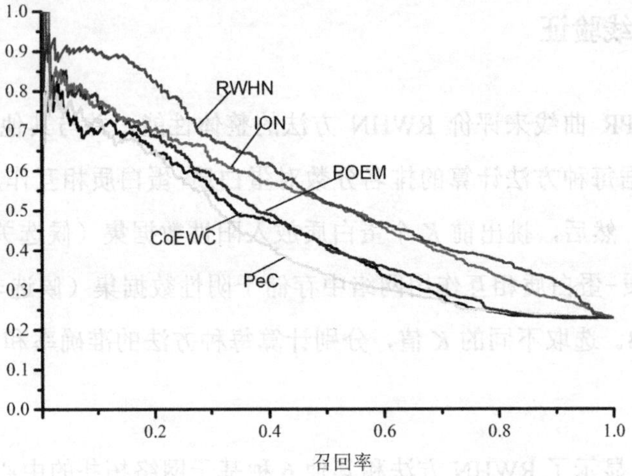

（b）

图 6-5 RWHN 方法与其他 10 种方法的 PR 曲线（续）

6.3.6 参数 α 和 β 分析

在 RWHN 方法中，使用两个自定义参数 α 和 β。α 用于调整蛋白质初始评分的功能特征分数和保守性分数的比例。参数 β 表示 PN 向 DN 移动的概率。为了评估这两个参数对 RWHN 方法性能的影响，设置了不同的 α 和 β 值，其取值为 0～1。图 6-6 显示了 RWHN 方法中两个参数改变后的详细结果。

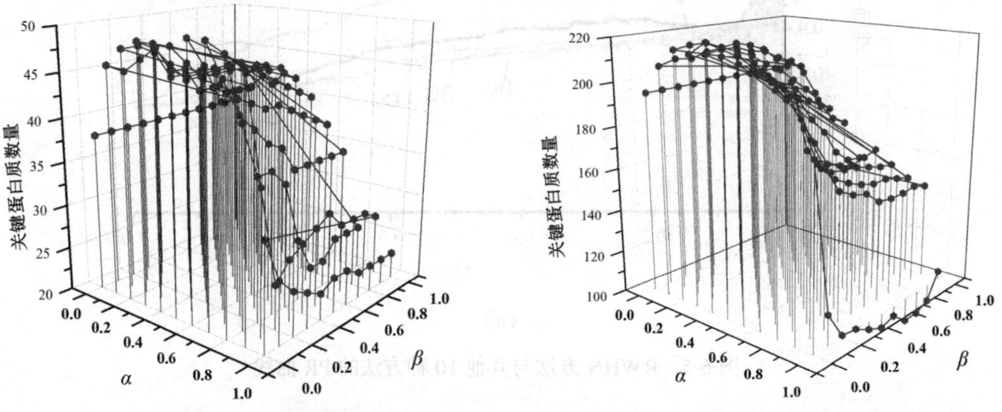

（a）前 1%（前 51）　　（b）前 5%（前 251）

图 6-6 参数 α 和 β 分析

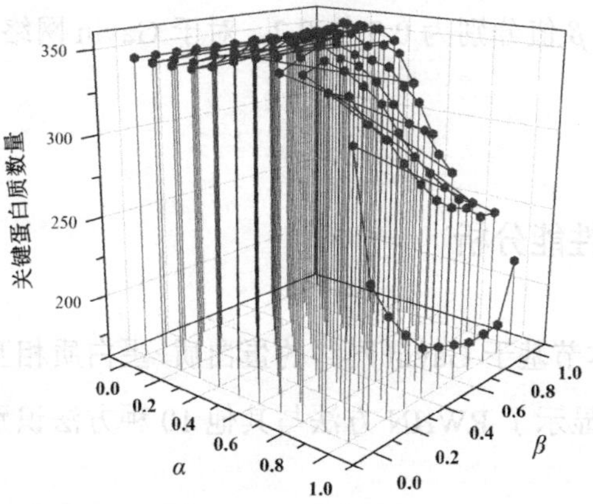

（c）前 10%（前 510）

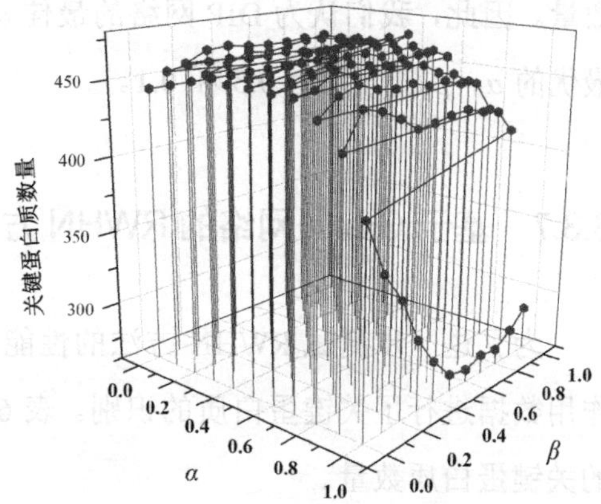

（d）前 15%（前 764）

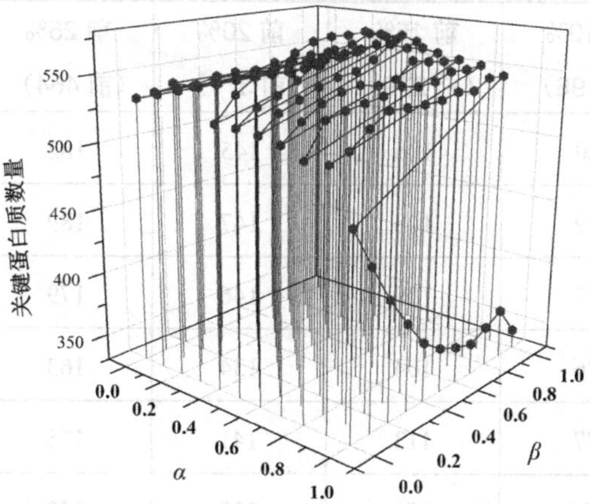

（e）前 20%（前 1019）

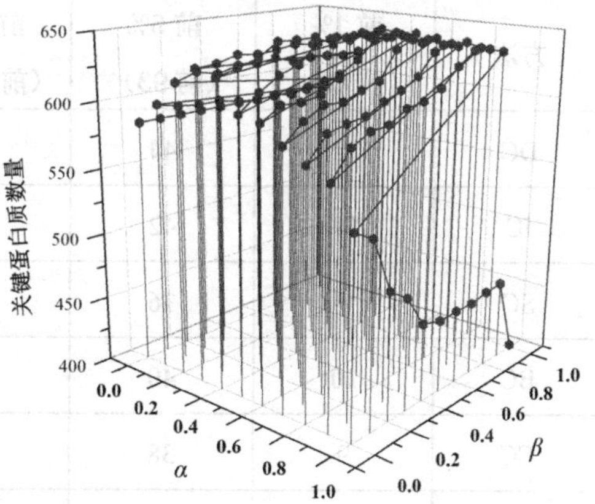

（f）前 25%（前 1274）

图 6-6 参数 α 和 β 分析（续）

从 RWHN 方法识别的排名前 1%～前 25%的蛋白质中挑选候选关键蛋白质，根据其中真正的关键蛋白质数量来评估识别准确率。当 α 为 0.6 或 0.7，β 为 0 时，在选择的排名前 1%的蛋白质中，RWHN 方法识别出的真正关键蛋白质多达 50 个，识别准确率接近 100%；但在选择的排名前 5%～前 25%的蛋白质中，其识别准确率呈下降趋势。总体而言，α 越接近 1，识别准确率越低。当将 α 设为 0.3，β 设为 0～1 时，在排名前 1%～前 25%的蛋白质中，真正的关键蛋白质的平均数量分别为 45、202、351、467、553 和 634。当 α 为 0.3，β 为 0.2 时，真正的关键蛋白质数量最接近平均数量。因此，我们认为DIP网络的最佳 α 和 β 值分别为0.3与0.2。对于Gavin网络，最优的 α、β 值分别为0.3和0.1。

6.3.7 基于Gavin网络的RWHN方法性能分析

为了进一步测试RWHN方法的性能，本节基于Gavin网络的蛋白质-蛋白质相互作用数据进行了关键蛋白质的识别。表6-2显示了RWHN方法与其他10种方法识别的关键蛋白质数量。

表6-2 基于Gavin网络的RWHN方法和其他10种方法预测的关键蛋白质数量

方法	前1%（前19）	前5%（前93）	前10%（前196）	前15%（前279）	前20%（前371）	前25%（前464）
DC	12	44	80	106	145	182
IC	11	42	79	108	147	189
SC	9	36	77	109	146	179
BC	10	40	76	103	134	163
CC	9	38	77	113	141	175
NC	11	51	123	170	213	259
PeC	15	69	142	193	238	285
CoEWC	16	69	136	190	237	275
POEM	17	74	148	199	249	296
ION	17	73	150	207	263	312
RWHN	18	83	169	222	277	330

从表6-2中可以看出，对于排名前1%和前5%的蛋白质，RWHN方法的识别准确率都在89%以上。对于排名前1%～前25%蛋白质，RWHN方法在Gavin网络中仍

然优于其他 10 种方法。图 6-7 显示了每种方法和 10 条随机分类的刀切法曲线。实验结果表明，RWHN 方法在 Gavin 网络上识别关键蛋白质的性能优于其他 10 种方法的性能。

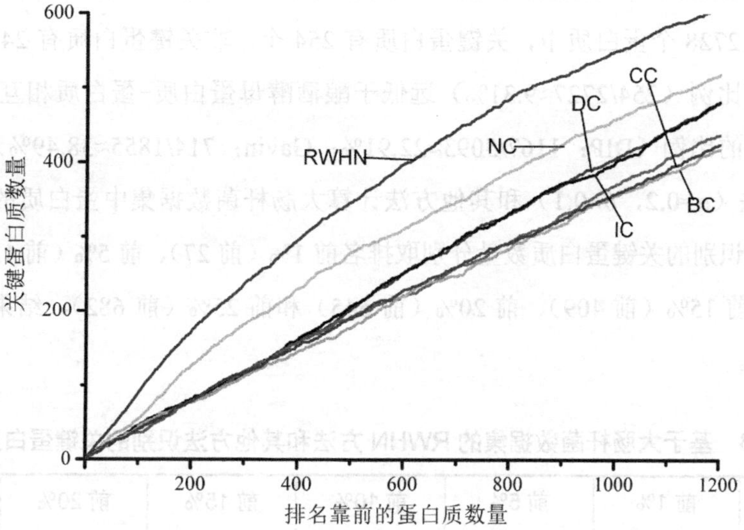

(a)

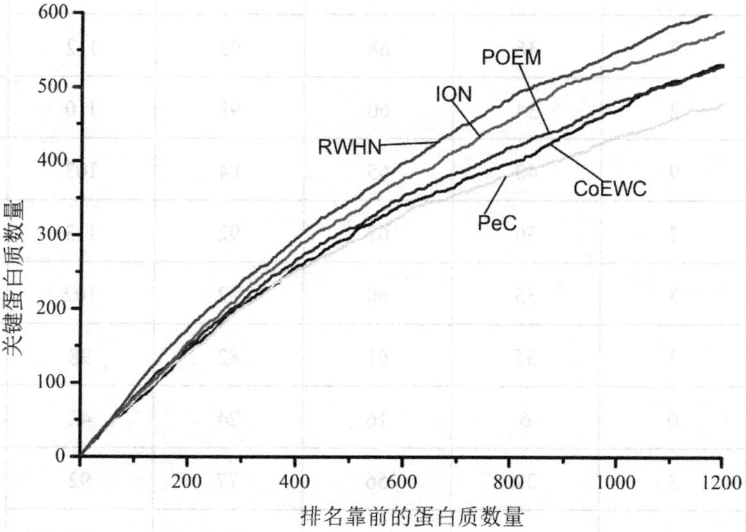

(b)

图 6-7 Gavin 网络上的刀切法曲线对比结果

6.3.8 基于大肠杆菌相互作用数据的 RWHN 方法性能分析

本节在大肠杆菌数据集上运行 RWHN 和其他方法。大肠杆菌的蛋白质-蛋白质相互作用网络也是从 DIP 数据库下载的，该网络由 2728 个蛋白质和 11803 种相互作用组成。在这 2728 个蛋白质中，关键蛋白质有 254 个，非关键蛋白质有 2474 个，其关键蛋白质的比例（254/2727≈9.31%）远低于酿酒酵母蛋白质-蛋白质相互作用网络的关键蛋白质的比例（DIP：1167/5093≈22.91%；Gavin：714/1855≈38.49%）。分别采用 RWHN 方法（α=0.2，β=0.1）和其他方法计算大肠杆菌数据集中蛋白质的排名分数。由各种方法识别的关键蛋白质数量分别取排名前 1%（前 27）、前 5%（前 136）、前 10%（前 273）、前 15%（前 409）、前 20%（前 545）和前 25%（前 682），结果如表 6-3 和图 6-8 所示。

表 6-3　基于大肠杆菌数据集的 RWHN 方法和其他方法识别的关键蛋白质数量

方法	前 1%（前 27）	前 5%（前 136）	前 10%（前 273）	前 15%（前 409）	前 20%（前 545）	前 25%（前 682）
DC	8	37	69	94	118	129
IC	7	36	68	95	112	127
SC	2	34	60	93	110	124
BC	9	40	65	84	103	120
CC	7	36	67	92	113	130
NC	3	35	60	82	102	118
PeC	3	35	61	82	98	118
CoEWC	0	6	16	24	42	63
POEM	3	32	56	77	92	113
ION	10	52	82	103	125	153
RWHN	15	56	83	103	129	154

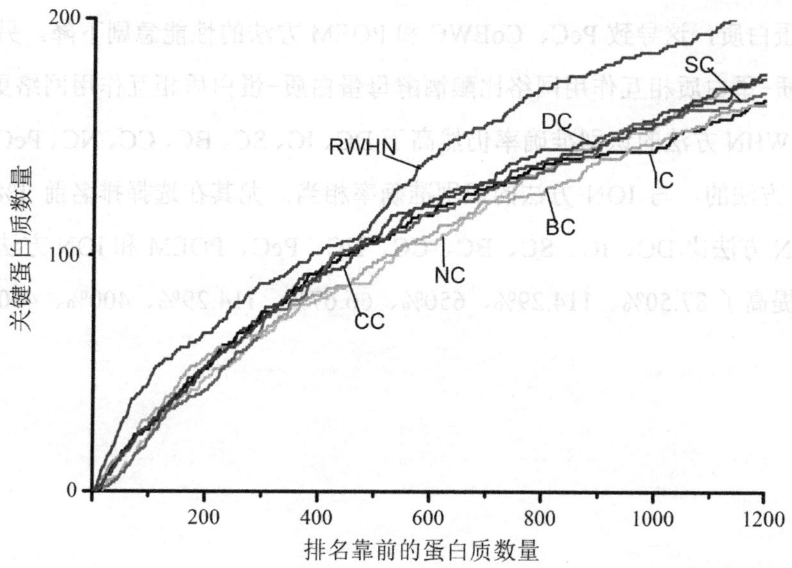

（a）

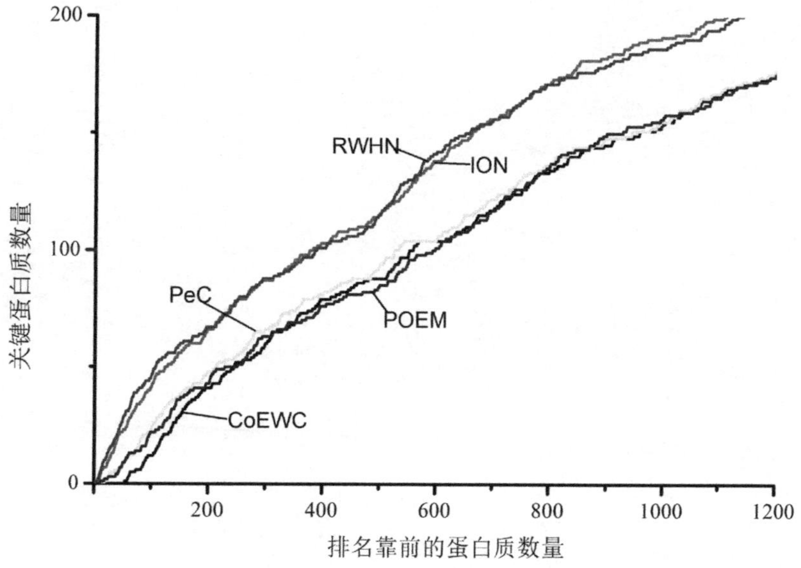

（b）

图 6-8　基于大肠杆菌数据集的刀切法曲线对比结果

与酿酒酵母蛋白质-蛋白质相互作用网络的识别结果相比，由于实验数据不完整和不可信，因此这些方法的识别准确率明显下降。例如，大肠杆菌的基因表达谱仅包含 246 个蛋白质，这导致 PeC、CoEWC 和 POEM 方法的性能急剧下降。另外，大肠杆菌蛋白质-蛋白质相互作用网络比酿酒酵母蛋白质-蛋白质相互作用网络更稀疏。尽管如此，RWHN 方法的识别准确率仍然高于 DC、IC、SC、BC、CC、NC、PeC、CoEWC 和 POEM 方法的，与 ION 方法的识别准确率相当。尤其在选择排名前 1%的蛋白质时，RWHN 方法比 DC、IC、SC、BC、CC、NC、PeC、POEM 和 ION 方法的识别准确率分别提高了 87.50%、114.29%、650%、66.67%、114.29%、400%、400%、400% 和 50%。

6.4 结论

本章将蛋白质-蛋白质相互作用网络与蛋白质-结构域、蛋白质亚细胞定位信息和蛋白质同源信息相结合，提出了一种新的关键蛋白识别模型——RWHN。与现有的多种基于多源生物数据融合的方法不同，本章将 PN、DN 和已知的 PDN 相结合，建立了异构网络，基于新构建的异构网络，采用随机游走算法识别关键蛋白质。此外，本章还考虑了关键蛋白质的功能特征和保守性。在酿酒酵母蛋白质-蛋白质相互作用网络和大肠杆菌蛋白质-蛋白质相互作用网络上，对 RWHN 方法与其他 10 种方法进行了实验比较，结果表明，RWHN 方法的性能显著优于其他 10 种方法的性能。RWHN 方法是一种有效的关键蛋白质识别方法。

参考文献

[1] JEONG H, MASON S, BARABÁSI A L. Lethality and centrality in protein networks[J]. Nature, 2001, 411(6833): 41-42.

[2] HAHN M W, KERN A D. Comparative genomics of centrality and essentiality in three eukaryotic protein-interaction networks[J]. Molecular Biology and Evolution, 2004, 22(4): 803-806.

[3] STEPHENSON K, ZELEN M. Rethinking centrality: methods and examples[J]. Social Networks, 1989, 11: 1-37.

[4] STEFAN W, STADLER P F. Centers of complex networks[J]. Journal of Theoretical Biology, 2003, 223(1): 45-53.

[5] MALIACKAL P J, AMY B, DONALD E I, et al. High-betweenness proteins in the yeast protein interaction network[J]. Journal of Biomedicine & Biotechnology, 2005, 2005(2): 96-103.

[6] ERNESTO E, RODRÍGUEZ-VELÁZQUEZ J A. Súbgraph centrality in complex networks[J]. Physical Review E Statistical Nonlinear & Soft Matter Physics, 2005, 71(5): 122-133.

[7] WANG J X, LI M, WANG H, et al. Identification of essential proteins based on edge clustering coefficient[J]. IEEE/ACM Transactions on Computational Biology and Bioinformatics, 2012, 9(4): 1070-80.

[8] NING K, NG H K, SRIHARI S, et al. Examination of the relationship between essential genes in PPI network and hub proteins in reverse nearest neighbor topology[J]. BMC Bioinformatics, 2010, 11(1): 505.

[9] ESTRADA E. Protein bipartivity and essentiality in the yeast protein-protein interaction network[J]. Journal of Proteome Research, 2006, 5(9): 2177-2184.

[10] YU H, KIM P M, SPRECHER E, et al. The importance of bottlenecks in protein networks: correlation with gene essentiality and expression dynamics[J]. PLoS Computational Biology, 2007, 3(4): e59.

[11] CHUA H N, SUNG W K, WONG L. Exploiting indirect neighbours and topological weight to predict protein function from protein-protein interactions[J]. Bioinformatics, 2006, 22(13): 1623-1630.

[12] REN J, WANG J X, LI M, et al. Prediction of essential proteins by integration of PPI network topology and protein complexes information[J]. Bioinformatics Research and Applications. Springer Berlin Heidelberg, 2011: 12-24.

[13] LI M, ZHANG H, WANG J X, et al. A new essential protein discovery method based on the integration of protein-protein interaction and gene expression data[J]. BMC Systems Biology, 2012, 6(1): 15.

[14] ZHANG X, XU J, XIAO W. A new method for the discovery of essential proteins[J]. PLoS One, 2013, 8(3): e58763.

[15] ZHAO B H, WANG J X, LI M, et al. Prediction of essential proteins based on overlapping essential modules[J]. IEEE Transactions on NanoBioscience, 2014, 13(4): 415-424.

[16] PENG W, WANG J X, WANG W, et al. Iteration method for predicting essential proteins based on orthology and protein-protein interaction networks[J]. BMC Systems Biology, 2012, 6(1): 87.

[17] LI M, LU Y, NIU Z, et al. United complex centrality for identification of essential proteins from PPI networks[J]. IEEE/ACM Transactions on Computational Biology and Bioinformatics, 2017, 14(2): 370-380.

[18] LUO J, WU J. A new algorithm for essential proteins identification based on the integration of protein complex co-expression information and edge clustering

coefficient[J]. International Journal of Data Mining and Bioinformatics, 2015, 12(3): 257-274.
[19] ZHAO B, WANG J, LI X, et al. Essential protein discovery based on a combination of modularity and conservatism[J]. Methods, 2016, 110: 54-63.
[20] LEI X, YANG X, WU F. Artificial fish swarm optimization based method to identify essential proteins[J]. IEEE/ACM Transactions on Computational Biology and Bioinformatics, 2018.
[21] PENG W, WANG J, CHENG Y, et al. UDoNC: an algorithm for identifying essential proteins based on protein domains and protein-protein interaction networks[J]. IEEE/ACM Transactions on Computational Biology and Bioinformatics, 2015, 12(2): 276-288.
[22] XENARIOS I, SALWINSKI L, DUAN X J, et al. DIP, the database of interacting proteins: a research tool for studying cellular networks of protein interactions[J]. Nucleic Acids Research, 2002, 30(1): 303-305.
[23] GAVIN A C, ALOY P, GRANDI P, et al. Proteome survey reveals modularity of the yeast cell machinery[J]. Nature, 2006, 440(7084): 631.
[24] BATEMAN A, COIN L, DURBIN R, et al. The Pfam protein families database[J]. Nucleic Acids Research, 2004, 32(Suppl_1): D138-D141.
[25] BINDER J X, PLETSCHER-FRANKILD S, TSAFOU K, et al. COMPARTMENTS: unification and visualization of protein subcellular localization evidence[J]. Database, 2014.
[26] GABRIEL O, THOMAS S, KRISTOFFER F, et al. InParanoid 7: new algorithms and tools for eukaryotic orthology analysis[J]. Nucleic Acids Research, 2010, 38(Database issue): D196-203.
[27] MEWES H W, FRISHMAN D, MAYER K F X, et al. MIPS: analysis and annotation of proteins from whole genomes in 2005[J]. Nucleic Acids Research, 2006, 34: D169-D172.

[28] CHERRY J M. SGD: Saccharomyces genome database[J]. Nucleic Acids Research, 1998, 26: 9.

[29] ZHANG R, LIN Y. DEG 5.0, a database of essential genes in both prokaryotes and eukaryotes[J]. Nucleic Acids Research, 2009, 37: D455-D458.

[30] CHEN W H, MINGUEZ P, LERCHER M J, et al. OGEE: an online gene essentiality database[J]. Nucleic Acids Research, 2012, 40(D1): D901-D906.

[31] HOLMAN A G, DAVIS P J, FOSTER J M, et al. Computational prediction of essential genes in an unculturableendosymbiotic bacterium, wolbachia of brugiamalayi[J]. BMC Microbiology, 2009, 9(1): 243.

第 7 章

基于网络传播的蛋白质功能预测方法

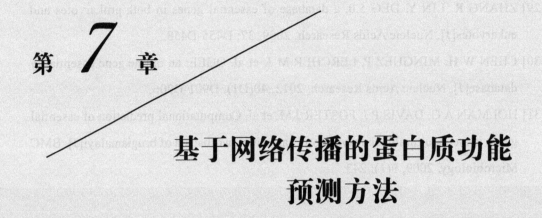

蛋白质功能的准确标注对于阐明生命现象、疾病治疗和新药开发具有重要意义。通过结合蛋白质-蛋白质相互作用网络和多源生物数据，已经开发出了多种方法来提高功能预测性能。然而，如何充分利用多源生物数据来提高 GO 注释的性能仍然是一个难题。

本章提出一个基于网络传播和功能模块挖掘的蛋白质功能预测框架 NPF（Network Propagation for Functions Prediction），用于发现与目标蛋白质具有相似功能的相互关联的蛋白质。NPF 利用蛋白质-蛋白质相互作用网络拓扑特性知识和多源生物数据（如结构域注释和蛋白质复合物信息），以传播方式增强蛋白质-蛋白质相互作用网络功能相似性。通过留一法验证和十倍交叉验证等实验验证 NPF 在准确预测蛋白质功能方面的性能。综合评价表明，NPF 比对比方法具有更好的性能。

本项研究证实，结合多源生物数据的网络传播不仅可以发现更多具有相似功能的邻居节点，还可以有效地摆脱蛋白质-蛋白质相互作用网络小世界特性的限制。我们认为，功能预测的性能在很大程度上取决于相关方法是否能够从蛋白质相关性中提取和利用适当的功能相似性信息。

7.1 引言

蛋白质是细胞的主要成分，在几乎所有的细胞功能中起着关键作用，如组成细胞结构等。生物功能是由一组相互作用和功能相关的蛋白质来完成的，而不是由单个蛋白质来完成的。蛋白质功能的准确表征是在分子水平上认识生命的关键，对生物医学和制药有着巨大的影响。

在已测序的基因组中，功能未知的蛋白质占很大一部分[1]。因此，准确推断未知蛋白质的功能已成为后基因时代的巨大挑战之一。然而，由于固有的难度和高成本，现有测定蛋白质功能的实验技术已经无法满足不断增长的基因组序列数据要求。越来越多的可用蛋白质-蛋白质相互作用数据为计算方法预测蛋白质的功能提供了途径。蛋白质-蛋白质相互作用网络可以建模为一个无向图，其中，一个顶点表示一个蛋白质，一条边表示一对蛋白质之间的相互作用。很多基于网络的[2-4]或基于图的[5-6]方法被用于从蛋白质-蛋白质相互作用网络中预测蛋白质的功能。这些方法的基础是，蛋白质通常与网络中的相互作用伙伴具有相似或相同的生化功能[2]。不幸的是，这些方法经常受到蛋白质-蛋白质相互作用网络中噪声和误差的困扰，这可能导致预测偏差和低置信度。

为了提供准确的预测结果，整合不同类型的生物数据已成为一种重要而流行的策略。通过将蛋白质-蛋白质相互作用网络与多源生物数据相结合，目前已经开发出了很多方法来提高蛋白质功能预测的准确率。Cozzetto 等[7]提出了一种通过整合蛋白质-蛋白质相互作用网络与序列、基因表达等多种生物信息来推断蛋白质功能的有效方法。Zhang 等[8]利用蛋白质结构域和蛋白质-蛋白质相互作用网络计算蛋白质结构域的上下文相似度，开发了用于预测蛋白质功能的方法。在 Zhang 等提出的方法的基础上，Peng 等[9]提出了 DCS（Domain Combination Similarity）和 DSCP（Domain Combination Similarity in Context of Protein Complexes）两种算法，通过结合蛋白质-蛋白质相互作用网络、蛋白质结构域信息和蛋白质复合物信息对未知蛋白质进行标注。Liang 等[10]利用蛋白质结构域信息和蛋白质-蛋白质相互作用网络拓扑特性构建了 PON（Protein Overlap Network），进而设计了一种蛋白质功能预测方法。Sarker 等[11]首先基于蛋白质-蛋白质相互作用网络和蛋白质结构域重构了蛋白质-蛋白质网络，然后提出了 GrAPFI 方法，用于对蛋白质的功能进行标注。INGA[12]和 INGA 2.0[13]两种 Web 服务通过结合蛋白质-蛋白质相互作用网络、结构域分配和序列相似性来推断蛋白质的功能。PANNZER2[14]是另一个基于序列相似性实现的功能特征标注的 Web 服务。Zhang 等在深度学习框架的基础上，提出了 DeepGOA[15]和 DeepFunc[16]两种方法，用于准确预测蛋白质的功能。通常，这些方法基于网络或邻居计数。这些方法融合了多源生物数据，提高了蛋白质-蛋白质相互作用网络的质量。例如，Zhang、DCS 和 DSCP 是基于邻域计数的改进方法，集成了蛋白质结构域数据。3 种方法均采用组合理论计算蛋白质之间的功能相似性。尽管这些方法取得了进展，但在单一类型网络框架内整合多源生物数据仍是一个主要挑战。

在蛋白质功能预测的研究中，大多数网络分析方法都依赖“关联定罪”原则，这是基于统计结果分析而建立的，蛋白质与其在蛋白质-蛋白质相互作用网络中的直接相互作用的伙伴共享很多功能特征。一种简单而通用的方法可能是用蛋白质-蛋白质相互作用网络中所有直接邻近的蛋白质功能来注释功能未知的蛋白质。然而，这种直接方法可能会产生假阳性，这些假阳性是通过不相关的相互作用与蛋白质联系在一起的。另外，该方法还会引入假阴性，即与已知功能的蛋白质之间没有直接联系[17]。对酿酒酵母蛋白质-蛋白质相互作用网络的统计数据验证了假阳性和假阴性的存在。我们研究了共注释功能和非共注释功能的蛋白质对的最短路径分布，如图 7-1 所示。从图 7-1 中可以看出，当距离小于 3 时，共注释蛋白质对所占的比例高于非共注释蛋白质对所占的比例。这表明共注释蛋白质比非共注释蛋白质更接近彼此。图 7-1 还揭示了一个有趣的现象：由于蛋白质-蛋白质相互作用网络的不完整性和错误，蛋白质似乎与它们的 3 级或 4 级邻居共注释，而不是与其直接相互作用的伙伴共注释。

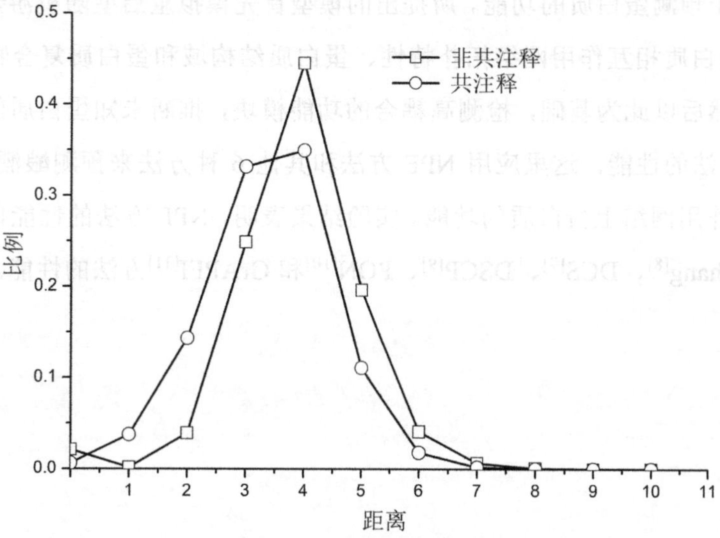

图 7-1　共注释功能和非共注释功能的蛋白质对的最短路径分布

为了解决网络中的假阴性问题，在一些方法中采用蛋白质之间的“功能距离”来推断蛋白质的功能，即用最短路径距离代替原来的欧氏距离（蛋白质之间的最短路径距离等于 1）。然而，由于蛋白质-蛋白质相互作用网络的小世界特性，大多数蛋白质可以在几步之内到达其他蛋白质。虽然这些方法可以有效抑制假阴性，但也会通过不相关的相互作用预测得到很多虚假的功能。网络传播利用通过网络连接的信息流作为建立节点间关系的手段，提供了一种更精细的方法[18]。网络传播有多种形式，如基于图的随机游走[19]、Google 的 PageRank[20]搜索算法、热扩散过程[21]、图核[22]等。在生物网络中，大量基于网络传播的方法已被广泛应用于关键蛋白质识别[23-24]、药物协同作用预测[25]、肿瘤分类[26]、疾病相关基因鉴定[27-28]、微生物-疾病关联推断[29]、蛋白质功能预测[30]等领域，这表明网络传播是一种强大的数据转换方法，在遗传研究中具有广泛的实用性[17]。此外，DCS 和 DSCP 方法也验证了结合蛋白质结构域、蛋白质复合物信息和蛋白质-蛋白质相互作用网络进行蛋白质功能预测的合理性。

受上述这些发现和研究的启发，本章提出了一种基于网络传播的无监督方法，称为 NPF，用于预测蛋白质的功能。所提出的模型首先模拟重启型随机游走算法，并结合蛋白质-蛋白质相互作用网络拓扑特性、蛋白质结构域和蛋白质复合物的知识构建传播网络；然后以此为基础，检测高耦合的功能模块，推断未知蛋白质的功能。为了评估 NPF 方法的性能，这里应用 NPF 方法和其他 6 种方法来预测酿酒酵母蛋白质-蛋白质相互作用网络上蛋白质的功能。实验结果表明，NPF 方法的性能优于邻域计数（NC）[2]、Zhang[8]、DCS[9]、DSCP[9]、PON[10]和 GrAPFI[11]方法的性能。

7.2 NPF方法

NPF 方法分为 3 个阶段：①通过整合蛋白质-蛋白质相互作用网络拓扑特性、蛋白质结构域和蛋白质复合物知识构建 3 个蛋白质功能关联网络；②将改进的重启型随机游走算法应用于多个蛋白质功能关联网络（Co-Complex 网络），构建传播网络；③从传播网络中检测高耦合的功能模块，进而对目标蛋白质进行功能标注。NPF 方法的流程图如图 7-2 所示。

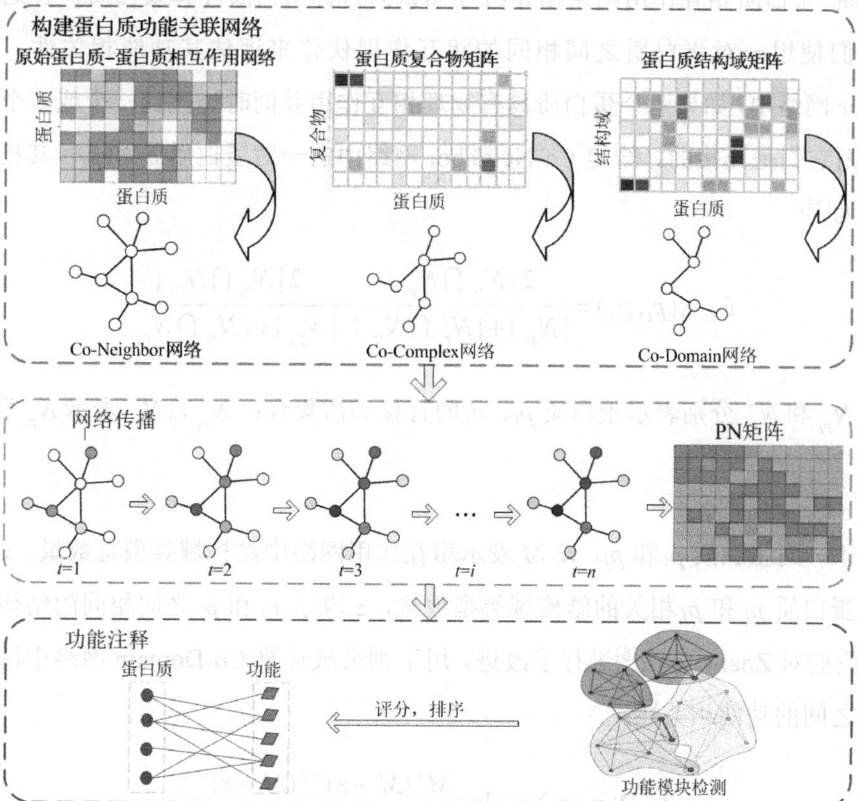

图 7-2 NPF 方法的流程图

7.2.1 构建多重蛋白质功能关联网络

生物功能是由一组与一种或多种细胞相互作用有关的基因或蛋白质执行的，如蛋白质-蛋白质相互作用、共同调节、共同表达或共为蛋白质复合物的成员。物理相互作用直接表示蛋白质的合作驱动生物过程[31]。此外，计算方法已经成功地从共表达网络中检测出稳定的功能模块[32]。我们猜想，紧密相互作用和功能依赖的蛋白质可能共表达、共调节或共享同一个蛋白质复合物等。因此，我们整合蛋白质-蛋白质相互作用网络拓扑特性、蛋白质结构域注释和蛋白质复合物信息，构建多重蛋白质功能关联网络。

分子功能是由一组蛋白质-蛋白质相互作用实现的。因此，一种直接的策略是利用蛋白质-蛋白质相互作用网络拓扑特性知识为目标蛋白质注释蛋白质。在这项研究中，我们使用一对蛋白质之间相同的相互作用伙伴来评估其功能相关性。在 Co-Neighbor 网络中，如果两个蛋白质具有物理相互作用并同时连接到一个或多个相同蛋白质，则它们是连接的。给定 Co-Neighbor 网络中的一对蛋白质 p_i 和 p_j，其相关值计算公式为[33]

$$\mathrm{P\_N}(p_i,p_j)=\frac{2|N_{p_i}\cap N_{p_j}|}{|N_{p_i}|+|N_{p_i}\cap N_{p_j}|}\cdot\frac{2|N_{p_i}\cap N_{p_j}|}{|N_{p_j}|+|N_{p_i}\cap N_{p_j}|} \tag{7-1}$$

其中，N_{p_i} 和 N_{p_j} 分别表示蛋白质 p_i、p_j 的直接邻居集合；$N_{p_i}\cap N_{p_j}$ 表示 N_{p_i} 和 N_{p_j} 的交集。

对于一对蛋白质 p_i 和 p_j，设 M 表示相互作用网络中结构域类型总数量，x 与 y 分别表示蛋白质 p_i 和 p_j 相关的结构域类型数量，z 表示 p_i 和 p_j 之间相同的结构域类型数量。我们对 Zhang 方法[8]进行了改进，用下列公式计算 Co-Domain 网络中两个蛋白 p_i 和 p_j 之间的功能相关性：

$$\mathrm{P\_D}(p_i,p_j)=-\log\frac{M^z(M-z)^{x-z}(M-x)^{y-z}}{M^xM^y} \tag{7-2}$$

通过归一化处理后可以得到 p_i 和 p_j 的功能关联分数，描述如下：

$$\mathrm{P\_D}(p_i,p_j)=\frac{\mathrm{P\_D}(p_i,p_j)-\min\limits_{1\leqslant k\leqslant n,1\leqslant l\leqslant n}[\mathrm{P\_D}(p_k,p_l)]}{\max\limits_{1\leqslant k\leqslant n,1\leqslant l\leqslant n}\mathrm{P\_D}(p_k,p_l)-\min\limits_{1\leqslant k\leqslant n,1\leqslant l\leqslant n}\mathrm{P\_D}(p_k,p_l)} \tag{7-3}$$

蛋白质复合物是由多个蛋白质-蛋白质相互作用形成的蛋白质分子聚集而成的，是大分子组织的基本单位，在整合单个基因产物以发挥有用的细胞功能方面起着至关重要的作用。研究[9]表明，如果两个蛋白质参与相同的蛋白质复合物的构成，那么它们往往具有相同或相似的生物功能。同样，结合质量控制的蛋白质复合物和分析功能关联对于准确地进行 GO 注释都是关键。因此，我们提出构建蛋白质功能关联网络，利用式（7-4）计算两个蛋白质之间的功能相关性[34]。

$$\mathrm{P\_C}(p_i,p_j)=\frac{|C_{p_i}\cap C_{p_j}|}{|C_{p_i}\|C_{p_j}|} \tag{7-4}$$

在式（7-4）中，C_{p_i} 与 C_{p_j} 分别表示蛋白质 p_i 和 p_j 参与的蛋白质复合物集合；$C_{p_i}\cap C_{p_j}$ 表示同时包含蛋白质 p_i 和 p_j 的蛋白质复合物集合。

7.2.2 网络传播算法

本节通过在多个蛋白质功能关联网络上运行重启型随机游走算法来生成聚合的、高可信的蛋白质功能相似网络。这个处理过程考虑了蛋白质-蛋白质相互作用网络的全局连接模式以注释目标蛋白质，还考虑了蛋白质的结构特征和模块特征，通过两步传播运算来测量蛋白质的功能相似性。网络传播算法的输出是一个蛋白质功能矩阵，可以作为蛋白质功能预测的输入。

在网络传播算法的第一步，我们基于 Co-Neighbor 网络建立转移矩阵 $\boldsymbol{H}$。从蛋白质 i 到蛋白质 j 的转移概率可以通过式（7-5）得到：

$$h(i,j)=\begin{cases}\dfrac{\mathrm{P\_N}(p_i,p_j)}{\sum_{k=1}^{n}\mathrm{P\_N}(p_i,p_k)}, & \sum_{k=1}^{n}\mathrm{P\_N}(p_i,p_k)>0\\ 0, & \text{其他}\end{cases} \tag{7-5}$$

直观地，我们希望通过网络传播计算蛋白质之间的功能相似性，同时考虑蛋白质的结构特征和模块特征。这两个特征分别来源于结构域注释和蛋白质复合物信息。因此，我们执行了两步传播操作以计算蛋白质 p_i 与其他蛋白质之间的功能相似性：

$$\mathbf{VD}_i^{t+1}=\alpha \boldsymbol{H}\mathbf{VC}_i^t+(1-\alpha)\mathbf{RV\_D}_i \tag{7-6}$$

$$\mathbf{VC}_i^{t+1}=\alpha \mathbf{H}^{\mathrm{T}}\mathbf{VD}_i^t+(1-\alpha)\mathbf{RV\_C}_i \tag{7-7}$$

其中，参数 $\alpha\in[0,1]$ 用于平衡传播信息和重启分数；$\mathbf{VD}_i^t$ 和 $\mathbf{VC}_i^t$ 分别是在 t 步上的测量蛋白质 p_i 与剩余蛋白质之间的结构相关性及模块相关性向量。两个向量的元素初始化为 $1/n$（$\mathbf{VD}_i^0=[1/n,1/n,\cdots,1/n]^{\mathrm{T}}$，$\mathbf{VC}_i^0=[1/n,1/n,\cdots,1/n]^{\mathrm{T}}$）。需要注意的是，可以通过定义两个重启向量 $\mathbf{RV\_D}_i$ 和 $\mathbf{RV\_C}_i$ 来调整功能相似性分数：

$$\mathbf{RV\_D}_i=[\mathrm{P\_D}(i,1),\mathrm{P\_D}(i,2),\cdots,\mathrm{P\_D}(i,n)]^{\mathrm{T}} \tag{7-8}$$

$$\mathbf{RV\_C}_i=[\mathrm{P\_C}(i,1),\mathrm{P\_C}(i,2),\cdots,\mathrm{P\_C}(i,n)]^{\mathrm{T}} \tag{7-9}$$

在本研究中，我们将 α 设为 0.5[35-36]。当传播收敛时，可以得到传播网络相应的邻接矩阵，其形式描述为

$$\mathbf{PN}=\begin{bmatrix}\mathrm{VC}_{11}+\mathrm{VD}_{11} & \mathrm{VC}_{12}+\mathrm{VD}_{12} & \cdots & \mathrm{VC}_{1n}+\mathrm{VD}_{1n}\\ \mathrm{VC}_{21}+\mathrm{VD}_{21} & \mathrm{VC}_{22}+\mathrm{VD}_{22} & \cdots & \mathrm{VC}_{2n}+\mathrm{VD}_{2n}\\ \vdots & \vdots & & \vdots\\ \mathrm{VC}_{n1}+\mathrm{VD}_{n1} & \mathrm{VC}_{n2}+\mathrm{VD}_{n2} & \cdots & \mathrm{VC}_{nn}+\mathrm{VD}_{nn}\end{bmatrix} \tag{7-10}$$

网络传播算法的总体框架如算法 7-1 所示。

算法 7-1：网络传播算法

Input：Multiple protein correlation networks; Stopping threshold ∂

Output：An adjacency matrix *PN* corresponding to the propagation network

Step 1. Construct a transition matrix $\boldsymbol{H}$ with Equation（7-5）

Step 2. for each protein p_i

Step 3. Initialize $\mathbf{VD}_i^0=[1/n,1/n,\cdots,1/n]^{\mathrm{T}}$；$\mathbf{VC}_i^0=[1/n,1/n,\cdots,1/n]^{\mathrm{T}}$

Step 4. Calculate restart vectors RV_D$_i$ and RV_C$_i$ with Equation（7-8）and Equation（7-9）

Step 5. Let t=1

Step 6. Calculate $\mathbf{VD}_i^{t+1}=\alpha H\mathbf{VC}_i^t+(1-\alpha)\mathbf{RV\_D}_i$

Step 7. Calculate $\mathbf{VC}_i^{t+1}=\alpha\mathbf{H}^{\mathrm{T}}\mathbf{VD}_i^t+(1-\alpha)\mathbf{RV\_C}_i$

Step 8. if $\|\mathbf{VD}_i^t-\mathbf{VD}_i^{t-1}\|+\|\mathbf{VC}_i^t-\mathbf{VC}_i^{t-1}\|<\partial$ then let $\mathbf{VD}_i=\mathbf{VD}_i^t$，$\mathbf{VC}_i=\mathbf{VC}_i^t$ and terminate the algorithm. Otherwise, let t=t+1, and then go to Step6

Step 9. end for

Step 10 $\mathbf{PN}=[\mathbf{VD}_1+\mathbf{VC}_1,\mathbf{VD}_2+\mathbf{VC}_2,\cdots,\mathbf{VD}_n+\mathbf{VC}_n]$

Step 11. Output **PN**

定理 7-1 给出了算法 7-1 迭代收敛的证明。

定理 7-1 给定矩阵 $\boldsymbol{H}$，向量 **RV_D**$_i$、**RV_C**$_i$、$\mathbf{VC}_i^0$和$\mathbf{VD}_i^0$，算法收敛。迭代的次数取决于参数 α 和∂。

证明：算法的收敛性取决于式（7-6）和式（7-7）。式（7-6）收敛当且仅当 $\rho(\alpha \boldsymbol{H})<1$ 时，式（7-7）收敛当且仅当 $\rho(\alpha \boldsymbol{H}^{\mathrm{T}})=\rho(\alpha \boldsymbol{H})<1$（$\boldsymbol{H}=\boldsymbol{H}^{\mathrm{T}}$）时，$\rho(\alpha \boldsymbol{H})$是矩阵 $\alpha \boldsymbol{H}$ 的谱半径。由于 $h(i,j)\geqslant 0$，并且对于矩阵 $\boldsymbol{H}$ 的每一行 i，$\sum_{j=1}^{n} h(i,j)=1$ 或 $\sum_{j=1}^{n} h(i,j)=0$，$\rho(\boldsymbol{H})=\|\boldsymbol{H}\|_1$。不难看出，$\rho(\alpha \boldsymbol{H})=\alpha\rho(\boldsymbol{H})<1$（$0<\alpha<1$）。

因此，式（7-6）和式（7-7）收敛，算法也收敛。

进一步，根据式（7-6）和式（7-7），可得

$$\mathbf{VD}_i^t = \alpha \boldsymbol{H}\mathbf{VC}_i^{t-1} + (1-\alpha)\mathbf{RV\_D}_i$$

$$\mathbf{VC}_i^t = \alpha \boldsymbol{H}^{\mathrm{T}}\mathbf{VD}_i^{t-1} + (1-\alpha)\mathbf{RV\_C}_i$$

$$\mathbf{VD}_i^{t-1} = \alpha \boldsymbol{H}\mathbf{VC}_i^{t-2} + (1-\alpha)\mathbf{RV\_D}_i$$

$$\mathbf{VC}_i^{t-1} = \alpha \boldsymbol{H}^{\mathrm{T}}\mathbf{VD}_i^{t-2} + (1-\alpha)\mathbf{RV\_C}_i$$

因此，可得

$$\begin{aligned}\mathbf{VD}_i^t - \mathbf{VD}_i^{t-1} &= \alpha \boldsymbol{H}(\mathbf{VC}_i^{t-1} - \mathbf{VC}_i^{t-2}) \\ &= \cdots \\ &= \begin{cases}(\alpha \boldsymbol{H})^{t-1}[\alpha \boldsymbol{H}\mathbf{VC}_i^0 - (1-\alpha)\mathbf{RV\_D}_i - \mathbf{VD}_i^0], & t \bmod 2=1 \\ (\alpha \boldsymbol{H})^{t-1}[\alpha \boldsymbol{H}\mathbf{VD}_i^0 - (1-\alpha)\mathbf{RV\_C}_i - \mathbf{VC}_i^0], & \text{其他}\end{cases}\end{aligned}$$

$$\begin{aligned}\mathbf{VC}_i^t - \mathbf{VC}_i^{t-1} &= \alpha \boldsymbol{H}^{\mathrm{T}}(\mathbf{VD}_i^{t-1} - \mathbf{VD}_i^{t-2}) = \alpha \boldsymbol{H}(\mathbf{VD}_i^{t-1} - \mathbf{VD}_i^{t-2}) \\ &= \cdots \\ &= \begin{cases}(\alpha \boldsymbol{H})^{t-1}[\alpha \boldsymbol{H}\mathbf{VD}_i^0 - (1-\alpha)\mathbf{RV\_C}_i - \mathbf{VC}_i^0], & t \bmod 2=1 \\ (\alpha \boldsymbol{H})^{t-1}[\alpha \boldsymbol{H}\mathbf{VC}_i^0 - (1-\alpha)\mathbf{RV\_D}_i - \mathbf{VD}_i^0], & \text{其他}\end{cases}\end{aligned}$$

于是有

$$
\begin{aligned}
&|\mathbf{VD}_i^t-\mathbf{VD}_i^{t-1}|+|\mathbf{VC}_i^t-\mathbf{VC}_i^{t-1}|\\
&=|(\alpha \boldsymbol{H})^{t-1}[\alpha \boldsymbol{H}\mathbf{VC}_i^0-(1-\alpha)\mathbf{RV\_D}_i-\mathbf{VD}_i^0]|+|(\alpha \boldsymbol{H})^{t-1}[\alpha \boldsymbol{H}\mathbf{VD}_i^0-(1-\alpha)\mathbf{RV\_C}_i-\mathbf{VC}_i^0]|\\
&=(\alpha \boldsymbol{H})^{t-1}(|[\alpha \boldsymbol{H}\mathbf{VC}_i^0-(1-\alpha)\mathbf{RV\_D}_i-\mathbf{VD}_i^0]|+|[\alpha \boldsymbol{H}\mathbf{VD}_i^0-(1-\alpha)\mathbf{RV\_C}_i-\mathbf{VC}_i^0]|)\\
&\leqslant \alpha^{t-1}(|[\alpha \boldsymbol{H}\mathbf{VC}_i^0-(1-\alpha)\mathbf{RV\_D}_i-\mathbf{VD}_i^0]|+|[\alpha \boldsymbol{H}\mathbf{VD}_i^0-(1-\alpha)\mathbf{RV\_C}_i-\mathbf{VC}_i^0]|)
\end{aligned}
$$

并且

$$
t\geqslant \log(\partial/(|[\alpha \boldsymbol{H}\mathbf{VC}_i^0-(1-\alpha)\mathbf{RV\_D}_i-\mathbf{VD}_i^0]|+|[\alpha \boldsymbol{H}\mathbf{VD}_i^0-(1-\alpha)\mathbf{RV\_C}_i-\mathbf{VC}_i^0]|))/\log\alpha
$$

显然，给定矩阵 $\boldsymbol{H}$，向量 $\mathbf{RV\_D}_i$、$\mathbf{RV\_C}_i$、$\mathbf{VC}_i^0$ 和 $\mathbf{VD}_i^0$，迭代次数取决于参数 α 和 ∂。

7.2.3 预测蛋白质的功能

直观地说，相互作用的蛋白质有助于注释目标蛋白质。然而，相同功能模块的成员之间的连接往往比跨功能模块的成员之间的连接更紧密[37]。因此，在工作的最后阶段，我们在新构建的传播网络中移除了松散连接的相邻蛋白质，并用剩下的相互作用的蛋白质一起注释目标蛋白质。给定目标蛋白质 v，M_V 是传播网络的一个模块，该网络由 v 的所有相邻节点组成。引入模块适应度[38]来定量描述 M_V 的内聚性：

$$
f_{\mathrm{M\_V}}=\frac{\mathrm{WD}_{\mathrm{M\_V}}^{\mathrm{in}}}{(\mathrm{WD}_{\mathrm{M\_V}}^{\mathrm{in}}+\mathrm{WD}_{\mathrm{M\_V}}^{\mathrm{out}})^{\beta}} \tag{7-11}
$$

其中，$\mathrm{WD}_{\mathrm{M\_V}}^{\mathrm{in}}$ 表示 M_V 中完全由一组蛋白质包含的边的总权重；$\mathrm{WD}_{\mathrm{M\_V}}^{\mathrm{out}}$ 表示该组蛋白质与网络剩余蛋白质连接的边的总权重；β 是一个正实值参数，用于控制模块的大小，为了简化操作，我们将 β 设为 1。这一阶段的目的是确定一个从蛋白质 v 开始的模块，通过加入一个新邻居或从模块中移除一个已经存在的邻居来降低 $f_{\mathrm{M\_V}}$。为此，我们引入邻居适应度的概念。给定一个蛋白质 v 的邻居 $\boldsymbol{u}$，$\boldsymbol{u}$ 相对于 M_V 的邻居适应度计算如下：

$$f^{u}_{\mathrm{M\_V}} = f_{\mathrm{M\_V}+\{u\}} - f_{\mathrm{M\_V}-\{u\}} \tag{7-12}$$

在式（7-12）中，M_V+ $\{u\}$和 M_V-$\{u\}$分别表示从 M_V 中增加、移除邻居 u 后得到的模块。

首先，根据与 v 的功能相似性对 v 的邻居进行降序排列；然后，访问 v 的所有邻居，选取邻居适应度大于 0 的节点，形成候选蛋白质集 $P=\{p_1, p_2, \cdots, p_l\}$。设 $F=\{f_1, f_2, \cdots, f_m\}$为 P 中所有蛋白质的功能列表，f_j 的分数计算如下：

$$\mathrm{Score\_F}(f_j) = \sum_{u=1}^{l} \mathrm{PN}(v,u) t_{u_j} \tag{7-13}$$

其中，PN(v, u)表示新构建的传播网络中 u 和 v 之间的功能相似性值。如果 u 包含功能 f_j，则 $t_{u_j} = 1$；否则，t_{u_j} =0。

最后，将候选功能按分数由高到低排序，并选取前 K 个功能来注释目标蛋白质 v。参数 K 设置为该蛋白质在传播网络中与 v 的功能相似性最大的蛋白质的功能数量。算法 7-2 给出了 NPF 方法的总体框架。

算法 7-2：NPF

Input: A PIN network, domain annotation information, protein complex information, Stopping threshold Ɛ, target protein v;

Output: Top K functions

Step 1. Construct three protein correlation networks according to Equation（7-1）～Equation（7-4）

Step 2. PN= Algorithm1(three protein correlation networks, $\mathcal{E}$)

Step 3. Generate the candidate proteins set $P=\{p_1, p_2, \cdots, p_l\}$ according to Equation（7-11）and Equation（7-12）

Step 4. Sort and rank functions of proteins in P according to Equation（7-13）

Step 5. Output top K of sorted functions

7.3 实验结果和分析

7.3.1 实验数据

为了测试 NPF 方法的性能，本节在酿酒酵母蛋白质-蛋白质相互作用网络中应用 NPF 方法和 6 种其他方法预测蛋白质的功能。酿酒酵母蛋白质-蛋白质相互作用网络是完整的、令人信服的，并且作为标准数据被广泛用于功能预测算法。酿酒酵母蛋白质-蛋白质相互作用网络数据来源于 BioGRID 数据库[39]，更新至 2017 年 10 月 28 日，包含 4113 个蛋白质，涉及 26105 种相互作用，去除了自我交互作用和重复交互作用。BioGRID 是一个集成网络，已被证明在预测疾病基因[40]等研究中取得了成功。

用于验证的蛋白质注释数据从 GO 官网[41]下载。蛋白质结构域数据从 Pfam 数据库[42]下载，该数据库包含 1026 个不同类型的结构域，与 BioGRID 数据库中的 2566 个蛋白质相关。基准蛋白质复合物集取自 CYC2008[43]，由 408 个蛋白质复合物组成，涉及 BioGRID 数据库中的 1600 个蛋白质。以上 4 个数据库被统一转换为使用 Ensemble Genomes 蛋白质标记系统。

7.3.2 构建网络的可视化

为了更好地理解所提出的 NPF 方法，本节提供了对所构建的网络的描述性统计量，包括 Co-Neighbor 网络、Co-Domain 网络、Co-Complex 网络和 PN（传播网络）。表 7-1 列出了所构建的 4 个网络的基本统计数据。图 7-3 和图 7-4 分别描绘了这 4 个网络的度和聚集系数的分布。统计数据显示 PN 中蛋白质之间增强的功能相关性或关系。因此，我们有理由相信网络传播有助于减小假阴性的负面影响，提高蛋白质功能预测的准确率。

表 7-1　所构建的 4 个网络的基本统计数据

网络	节点数量	边数量	平均度	聚集系数	连通分支数量
Co-Neighbor	2696	13728	10.184	0.645	25
Co-Domain	2448	18123	14.806	0.743	471
Co-Complex	1595	10886	13.650	0.798	279
PN	3082	57256	37.155	0.673	185

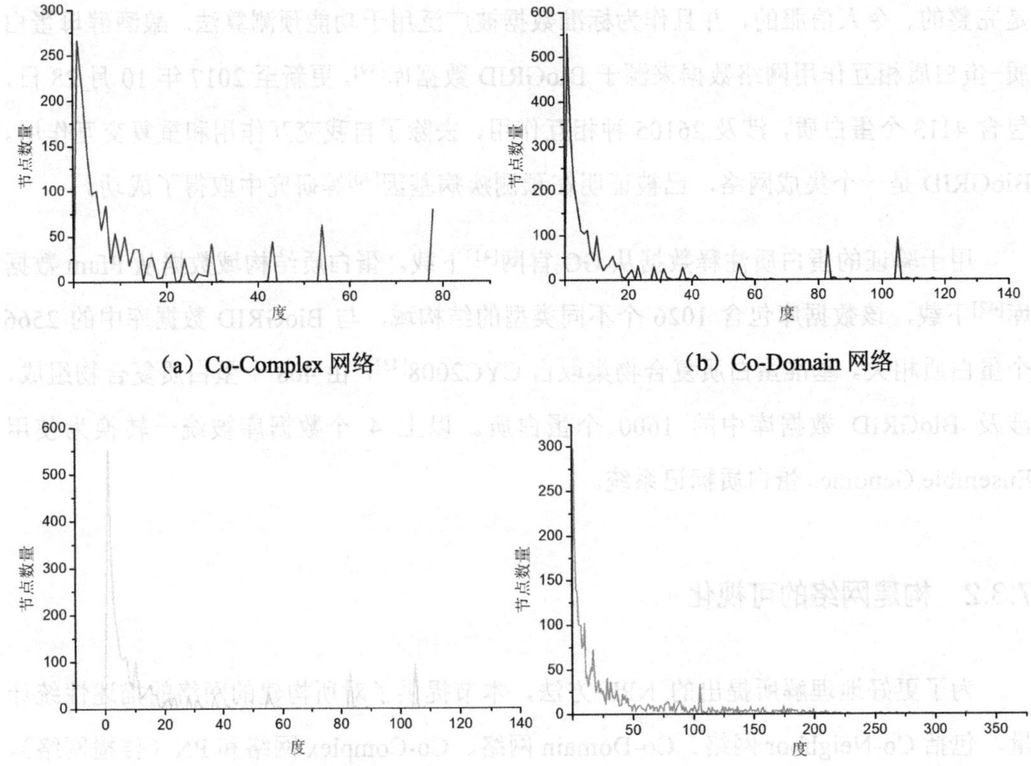

（a）Co-Complex 网络　（b）Co-Domain 网络

（c）Co-Neighbor 网络　（d）PN

图 7-3　4 个网络的度的分布

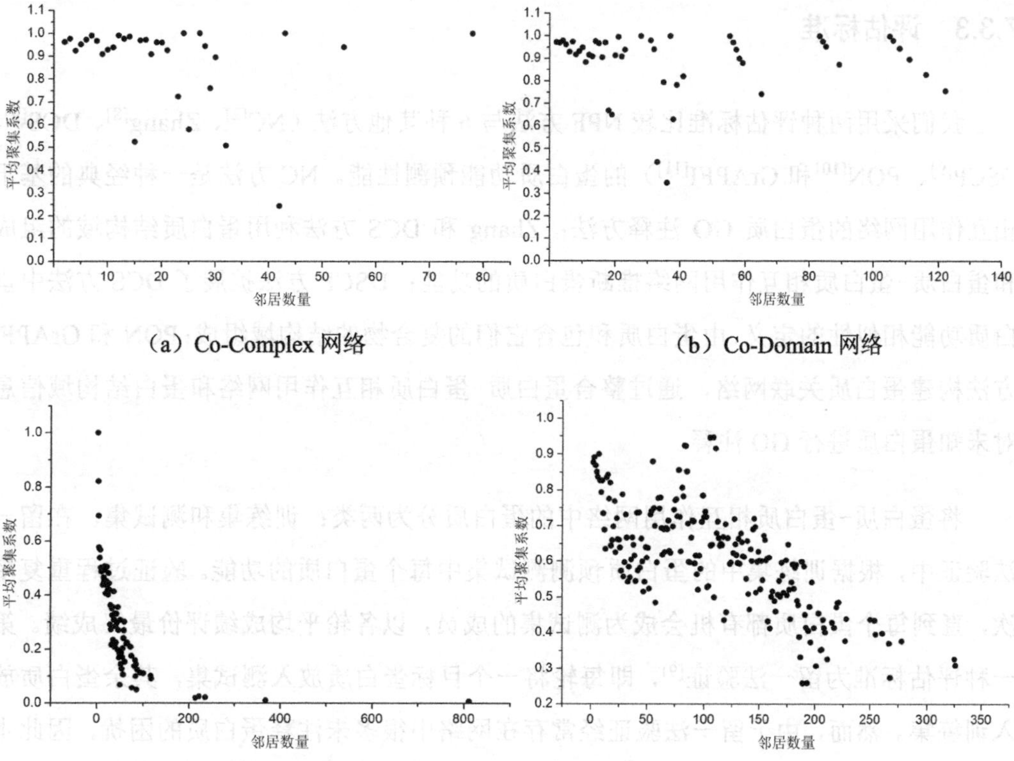

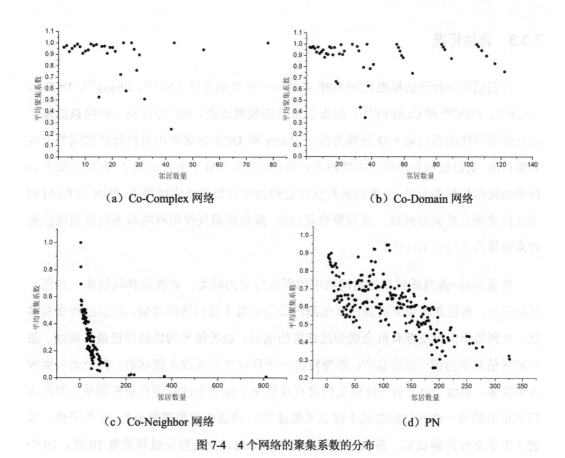

（a）Co-Complex 网络　　（b）Co-Domain 网络

（c）Co-Neighbor 网络　　（d）PN

图 7-4　4 个网络的聚集系数的分布

表 7-2 展示了原始蛋白质-蛋白质相互作用网络和构建的 PN 的拓扑特性对比。结果表明，通过网络传播，增大了小世界特性对蛋白质功能预测的影响。

表 7-2　原始蛋白质-蛋白质相互作用网络与构建的 PN 的拓扑特性对比

网络	节点数量	边数量	特征路径长度	聚集系数
BioGRID	4113	26105	3.461	0.309
PN	3082	57256	3.710	0.673

7.3.3 评估标准

我们采用两种评估标准比较 NPF 方法与 6 种其他方法（NC[2]、Zhang[8]、DCS[9]、DSCP[9]、PON[10]和 GrAPFI[11]）的蛋白质功能预测性能。NC 方法是一种经典的基于相互作用网络的蛋白质 GO 注释方法；Zhang 和 DCS 方法利用蛋白质结构域的组成和蛋白质-蛋白质相互作用网络推断蛋白质的功能；DSCP 方法扩展了 DCS 方法中蛋白质功能相似性的定义，由蛋白质和包含它们的复合物的结构域组成；PON 和 GrAPFI 方法构建蛋白质关联网络，通过整合蛋白质-蛋白质相互作用网络和蛋白结构域信息对未知蛋白质进行 GO 注释。

将蛋白质-蛋白质相互作用网络中的蛋白质分为两类：训练集和测试集。在留一法验证中，根据训练集中的蛋白质预测测试集中每个蛋白质的功能。验证过程重复多次，直到每个蛋白质都有机会成为测试集的成员，以各轮平均成绩评价最终成绩。第一种评估标准为留一法验证[9]，即每轮将一个目标蛋白质放入测试集，其余蛋白质放入训练集。然而，由于留一法验证经常存在网络中很多未注释蛋白质的困扰，因此本研究使用的另一种评估标准是十倍交叉验证[44]，将蛋白质集随机分为 10 个子集，保留 1 个子集作为测试集，其余 9 个子集作为训练集。交叉验证过程重复 10 次，10 个子集中的每个作为测试集使用 1 次，将这 10 个结果取平均值，得出最终的结果。

为了评估预测功能的质量，我们对预测的功能与目标蛋白质的实际功能进行匹配。准确率和召回率是检验功能预测方法性能的常用指标。准确率是与已知蛋白质相匹配的预测功能的比例，召回率是与预测功能相匹配的已知功能的比例。在本研究中，真阳性（TP）、假阳性（FP）和假阴性（FN）分别代表匹配的预测功能、错误匹配的预测功能和缺失匹配的已知功能的数量。因此，准确率和召回率可以分别定义如下：

$$\text{Precision} = \frac{\text{TP}}{\text{TP} + \text{FP}} \tag{7-14}$$

$$\text{Recall} = \frac{\text{TP}}{\text{TP} + \text{FN}} \tag{7-15}$$

F-measure 是准确率和召回率的调和平均值，是另一个综合评估功能预测方法的性能的指标，其计算公式如下：

$$F-\text{measure}=\frac{2\cdot \text{Precision}\cdot \text{Recall}}{\text{Precision}+\text{Recall}} \tag{7-16}$$

7.3.4 留一法验证

首先，使用留一法验证来评估 NPF 方法，以及一组具有代表性的方法（NC、Zhang、DCS、DSCP、PON 和 GrAPFI）预测功能的质量。为了公平起见，我们过滤掉了注释蛋白质数量小于 10 或大于 200 的 GO 术语。经过这一步的处理，GO 条目数量为 267。在蛋白质-蛋白质相互作用网络的 4113 个蛋白质中，有 2716 个蛋白质被注释。这些注释蛋白质的 GO 条目的平均值和中位值分别为 2.1、2。NPF 方法在 BioGRID 数据库的 2716 个训练蛋白质中检测到 2146 个功能模块。

首先通过平均准确率、召回率和 F-measure 来评估 NPF 方法和其他 6 种方法对这些目标蛋白质进行功能预测的性能。表 7-3 给出了 NPF 方法和其他 6 种方法预测功能的基本信息。

表 7-3 各种方法预测功能的基本信息

方法	MP	PMP	MMP	ZP
NPF	1503	891	1213	885
NC	1945	1428	771	100
Zhang	727	421	1989	432
DCS	1269	743	1447	742
DSCP	1358	810	1358	799
PON	536	229	2180	277
GrAPFI	774	384	1942	432

在表 7-3 中，MP 是成功匹配至少一种已知功能的蛋白质数量；PMP 是完全匹配已知功能的蛋白质数量；MMP 是与已知功能完全不匹配的蛋白质数量，即没有一个预测功能与已知功能匹配；ZP 是零误差预测的蛋白质数量。从表 7-3 中可以看出，NPF 方法的 PMP（891）仅次于 NC 方法的 PMP（1428），而 NPF 方法的 ZP（885）远多于 NC 方法的 ZP（100）。

图 7-5 所示为各种方法的准确率、召回率和 F-measure 的整体比较。结果显示，NPF 方法的准确率和 F-measure 值最大，召回率值仅次于 NC 方法的。这是由于 NC 方法的 PMP 最多。NPF 方法的 F-measure 值分别比 NC、Zhang、DCS、DSCP、PON 和 GrAPFI 的 F-measure 提高了 61.56%、109.41%、19.74%、11.53%、209.80%和 103.36%。

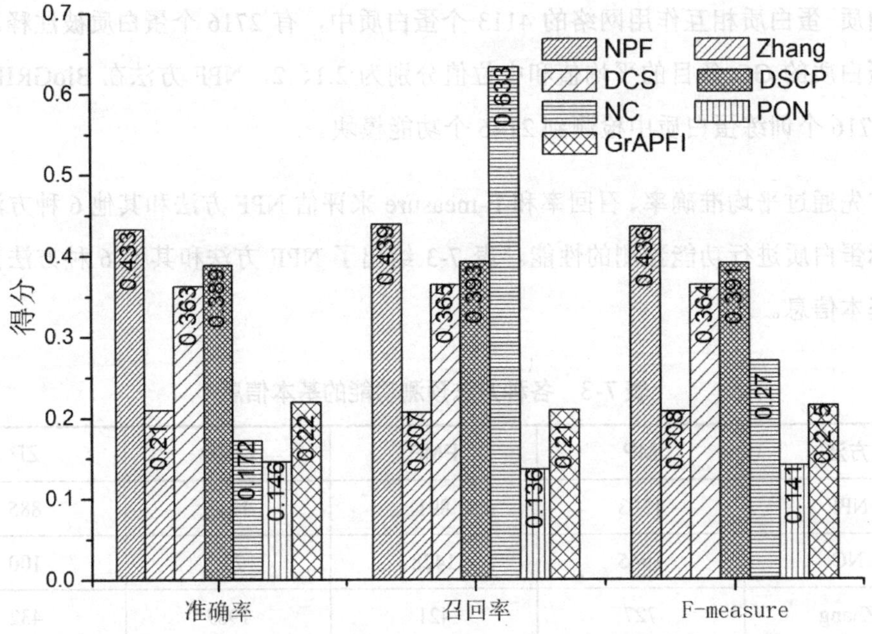

图 7-5　各种方法的准确率、召回率和 F-measure 的整体比较

为了进一步研究 NPF 方法和其他 6 种方法的性能，我们绘制了各种方法的 PR 曲线。PR 曲线是各种方法在不同功能选择策略下的综合性能评估的常用标准。首先，根据 NPF、NC、PON 和 GrAPFI 方法计算的功能相似性对预测功能进行降序排列；

然后，选取前 K 个功能并注释目标蛋白质，参数 K 从 1 变化到 267。在 Zhang、DCS 和 DSCP 方法中，选择与目标蛋白质的功能相似性最高的 N（$N \leqslant K$）个蛋白质，依次从这些蛋白质中选择 K 项功能来注释目标蛋白质。对于给定的目标蛋白质和参数 K，分别根据式（7-14）和式（7-15）计算准确率与召回率。根据所有目标蛋白质的平均准确率与召回率绘制 NPF 方法和其他 6 种方法的最终 PR 曲线，如图 7-6 所示，括号内的数字代表这 7 种方法的最大 F -measure 值。如图 7-6 所示，NPF 方法获得了所有方法中的最大 F -measure 值。NPF 方法的 PR 曲线在其他 6 种方法的 PR 曲线的上方，这意味着当选择不同参数时，NPF 方法能够预测更多的真阳性功能和更少的假阳性功能。随着 K 的不断增大，NPF 方法的 PR 曲线未出现剧烈波动。即使在最坏的情况下，NPF 方法的预测准确率仍然可以达到 0.248。但随着大量相似蛋白质的出现，DSCP 和 DCS 的预测准确率急剧下降。

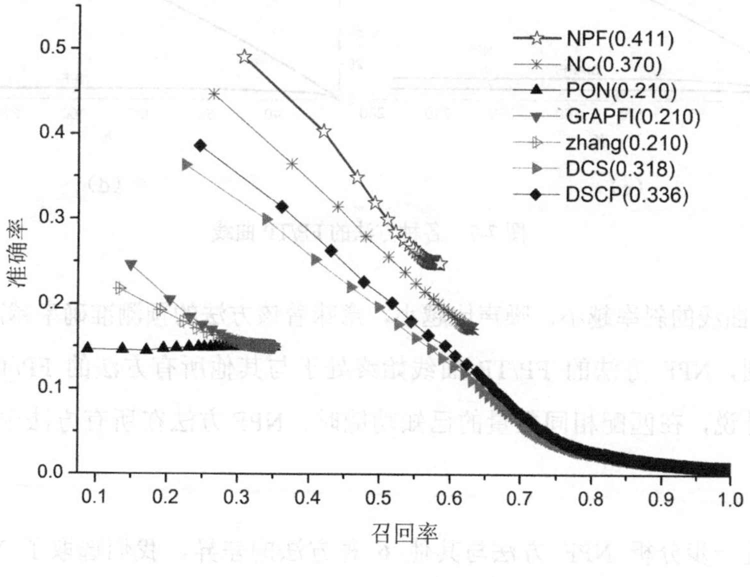

图 7-6　NPF 方法和其他 6 种方法的最终 PR 曲线

为了进行总体比较，我们统计了 NPF 方法和其他方法预测的真阳性与假阳性功能数量。通过绘制随参数 K 变化的 FP/TP 曲线，给出了这些方法之间更有价值的比较。图 7-7 显示了 NPF 方法和其他 6 种方法的 FP/TP 值在参数 K（从 1 到 267）的不同值下的变化情况。

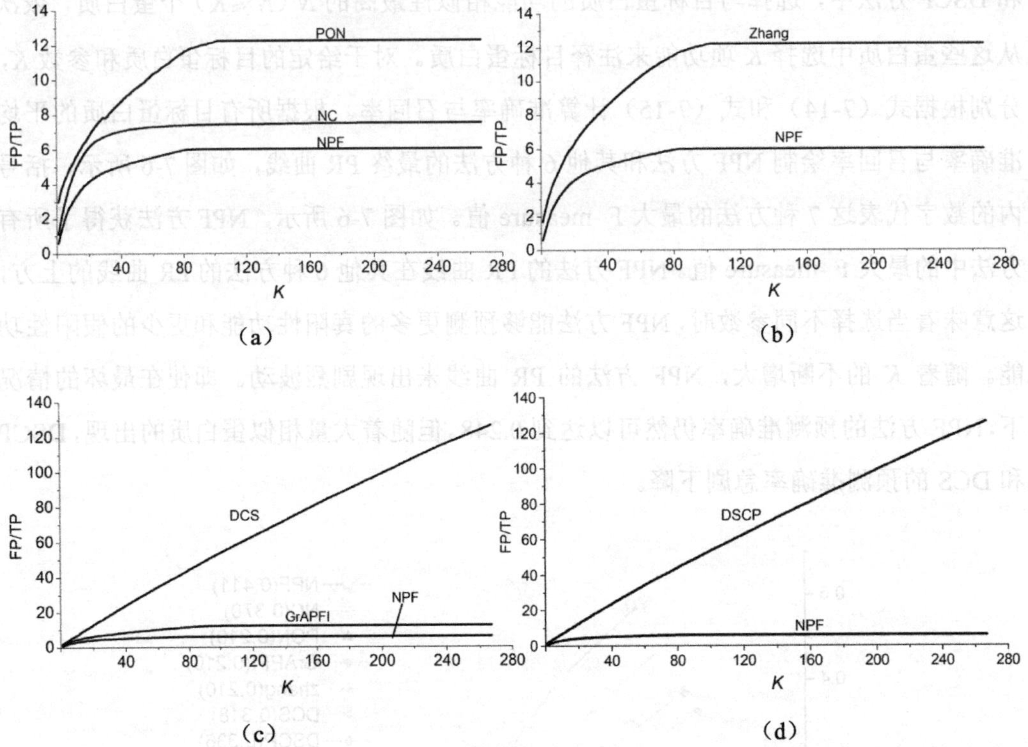

图 7-7 各种方法的 FP/TP 曲线

FP/TP 曲线的斜率越小，噪声比越小，意味着该方法的预测准确率越高。从图 7-7 中可以看到，NPF 方法的 FP/TP 曲线始终处于与其他所有方法的 FP/TP 曲线的下方。也就是说，在匹配相同数量的已知功能时，NPF 方法在所有方法中产生的假阳性最少。

为了进一步分析 NPF 方法与其他 6 种方法的差异，我们选取了 YNL262W、YBR278W 和 YPR175W 三个蛋白质作为实例，并使用这 7 种方法预测它们的功能。表 7-4 列出了这些目标蛋白质的基本信息，包括节点的度、参与结构域的数量和复合物数量。

表 7-4 目标蛋白质的基本信息

蛋白质	节点的度	参与结构域的数量	复合物数量
YNL262W	13	2	1
YBR278W	9	0	1
YPR175W	9	1	1

图 7-8 显示了不同方法预测的目标蛋白质的功能。其中，椭圆节点为目标蛋白质，圆角矩形节点为匹配功能，方角矩形节点为错误匹配功能，蛋白质和功能之间的实线边与虚线边分别表示正确和错误的关联。

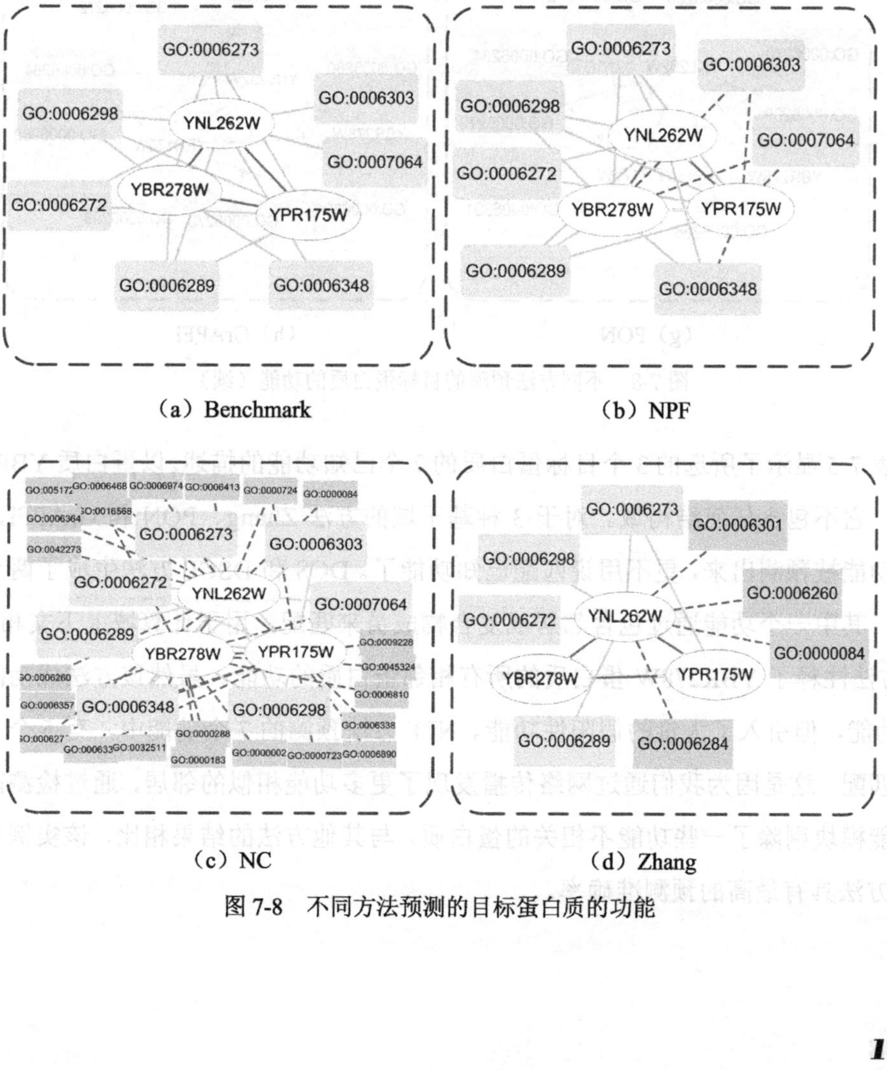

（a）Benchmark （b）NPF

（c）NC （d）Zhang

图 7-8 不同方法预测的目标蛋白质的功能

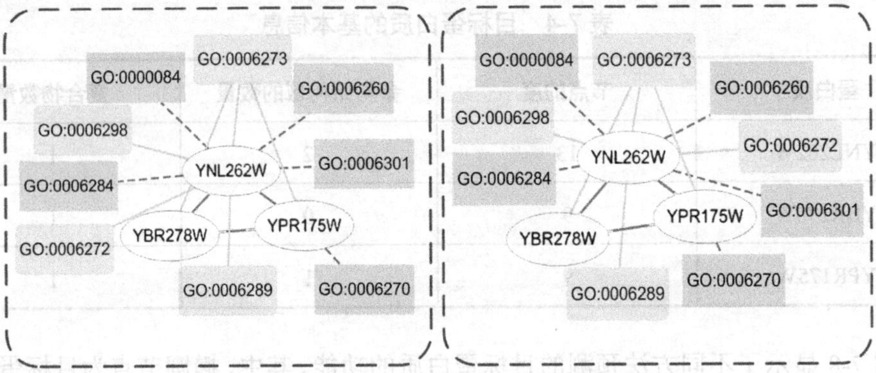

（e）DCS　　（f）DSCP

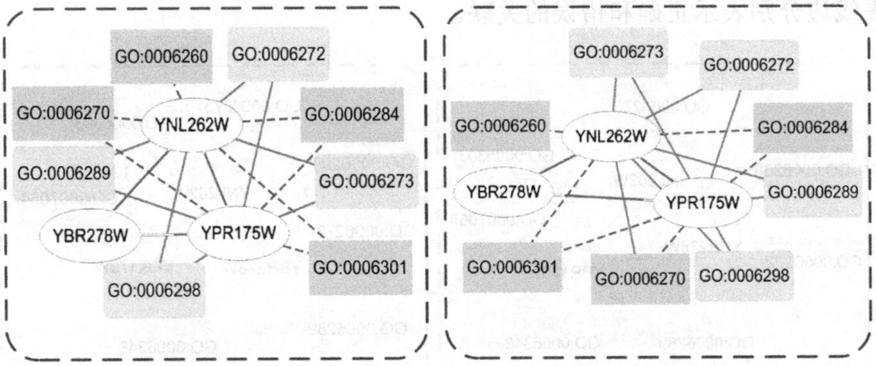

（g）PON　　（h）GrAPFI

图 7-8　不同方法预测的目标蛋白质的功能（续）

表 7-5 显示了所选的 3 个目标蛋白质的 7 个已知功能的描述。以蛋白质 YBR278W 为例，它不包含任何结构域。对于 3 种基于域的方法 Zhang、PON 和 GrAPFI，没有一个功能被预测出来，更不用说匹配已知功能了。DCS 和 DSCP 方法生成了两个预测功能，其中一个功能通过包含邻居或复合物成员来匹配，用于计算域上下文相似性。NC 方法注释了 YBR278W 蛋白质的所有相邻蛋白质的功能。虽然该方法成功匹配了 5 个功能，但引入了大量的假阳性功能。NPF 方法预测的 7 个功能中，有 5 个与已知功能匹配。这是因为我们通过网络传播发现了更多功能相似的邻居，通过检测高耦合的功能模块剔除了一些功能不相关的蛋白质。与其他方法的结果相比，该实例显示了 NPF 方法具有最高的预测准确率。

表 7-5 选中 GO 条目的描述

GO 术语	描述
GO：0006272	Leading strand elongation, which is continuous as it proceeds in the same direction as the replication fork
GO：0006273	Lagging strand elongation proceeds by discontinuous synthesis of short stretches of DNA, known as Okazaki fragments, from RNA primers; these fragments are then joined by DNA ligase
GO：0006289	Nucleotide excision repair recognizes a wide range of substrates, including damage caused by UV irradiation and chemicals
GO：0006298	The mismatch repair system promotes genomic fidelity by repairing base-base mismatches, insertion-deletion loops and heterologies generated during DNA replication and recombination
GO：0006303	The repair of a double-strand break in DNA in which the two broken ends are re-joined with little or no sequence complementarity
GO：0006348	Chromatin silencing at telomere means the repression of transcription of telomere DNA by altering the structure of chromatin
GO：0007064	Mitotic sister chromatid cohesion. The cell cycle process in which the sister chromatids of a replicated chromosome are joined along the entire length of the chromosome

7.3.5 十倍交叉验证

7.3.4 节介绍了留一法验证，与现有的蛋白质功能预测方法相比，NPF 方法在功能预测方面确实提升了性能。然而，在真实世界的应用中，通常有更多的未知蛋白质，而不是只有一个。为此，本节采用十倍交叉验证来评估 NPF 方法在功能信息较少的蛋白质-蛋白质相互作用网络上的有效性。将所有蛋白质随机分为 10 组，其中，9 组用于训练，1 组用于测试，这个过程重复 1000 次。在蛋白质-蛋白质相互作用网络上运行 NPF、NC、Zhang、DCS、DSCP、PON 和 GrAPFI 方法，得到准确率、召回率和 F-measure 的平均值与标准差，如表 7-6 所示。

表 7-6 十倍交叉验证

方法	准确率		召回率		F-measure	
	平均值	标准差	平均值	标准差	平均值	标准差
NPF	0.424	0.025	0.429	0.022	0.426	0.022
NC	0.176	0.014	0.610	0.023	0.273	0.018
Zhang	0.198	0.019	0.196	0.019	0.197	0.019
DCS	0.352	0.025	0.354	0.027	0.353	0.025
DSCP	0.378	0.027	0.382	0.028	0.380	0.027
PON	0.139	0.017	0.129	0.016	0.134	0.016
GrAPFI	0.219	0.018	0.209	0.018	0.214	0.018

此外，根据各种方法得到的值对预测功能进行降序排列，选择排名前 K 的 GO 注释目标蛋白质。通过十倍交叉验证，绘制随着参数 K 变化的 PR 曲线和 F-measure 曲线，给出了更有价值的比较。图 7-9 和图 7-10 所示分别为各种方法的十倍交叉验证的 PR 曲线和 F-measure 曲线。表 7-6、图 7-9 和图 7-10 的结果表明，与其他 6 种方法相比，NPF 方法的性能得到改善。因此，NPF 方法是一种有效的预测蛋白质功能的方法。

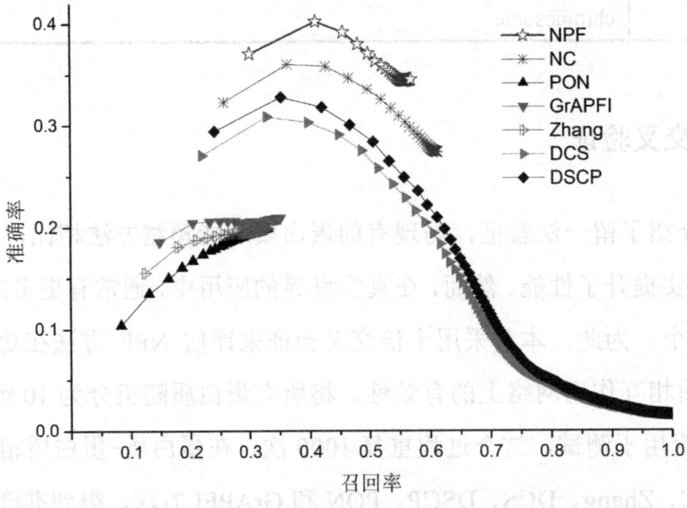

图 7-9 各种方法的十倍交叉验证的 PR 曲线

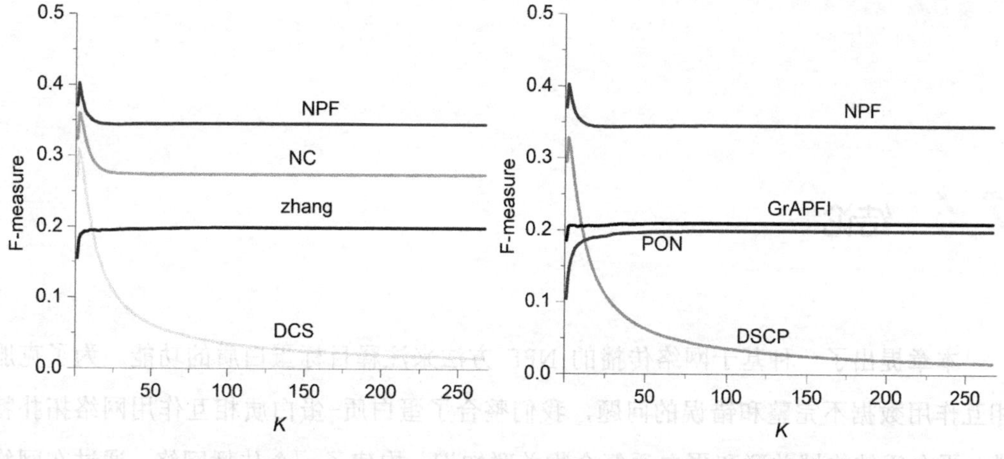

图 7-10 各种方法的十倍交叉验证的 F-measure 曲线

7.4 结论

本章提出了一种基于网络传播的 NPF 方法来注释目标蛋白质的功能。为了克服相互作用数据不完整和错误的问题，我们整合了蛋白质-蛋白质相互作用网络拓扑特性、蛋白质结构域关联和蛋白质复合物关联知识，构建了一个传播网络。通过在网络中传播蛋白质之间的功能相似性，可以获得更多功能相关的相互作用邻居来注释目标蛋白质，有效地摆脱了小世界特性的限制。此外，我们通过形成高内聚性的功能模块，剔除了那些冗余的功能无关的邻居，并通过基于邻居适应度检测功能模块来保证 NPF 方法不受错误功能的影响。在留一法验证和十倍交叉验证方面，对现有方法与 NPF 方法进行了综合比较。实验结果表明，NPF 方法优于其他方法。基于这些结果可以得出结论：网络传播对于蛋白质-蛋白质相互作用网络的研究是有用的。在未来的研究中，我们将考虑 GO Terms 的层次结构，进一步改善功能预测方法的性能。

参考文献

[1] SHUMILIN I A, CYMBOROWSKI M, CHERTIHIN O, et al. Identification of unknown protein function using metabolite cocktail screening[J]. Structure, 2012, 20(10): 1715-1725.

[2] SCHWIKOWSKI B, UETZ P, FIELDS S. A network of protein–protein interactions in yeast[J]. Nature Biotechnology. 2000, 18(12): 1257-1261.

[3] BOGDANOV P, SINGH A K. Molecular function prediction using neighborhood features[J]. IEEE/ACM Transactions on Computational Biology and Bioinformatics, 2009, 7(2): 208-217.

[4] CHO Y R, ZHANG A. Predicting protein function by frequent functional association pattern mining in protein interaction networks[J]. IEEE Transactions on Information Technology in Biomedicine, 2009, 14(1): 30-36.

[5] VAZQUEZ A, FLAMMINI A, MARITAN A, et al. Global protein function prediction from protein-protein interaction networks[J]. Nature Biotechnology, 2003, 21(6): 697-700.

[6] NABIEVA E, JIM K, AGARWAL A, et al. Whole-proteome prediction of protein function via graph-theoretic analysis of interaction maps[J]. Bioinformatics, 2005, 21(Suppl_1): i302-i310.

[7] COZZETTO D, BUCHAN D W A, BRYSON K, et al. Protein function prediction by massive integration of evolutionary analyses and multiple data sources[J]. BMC Bioinformatics, 2013, 14(Suppl_3): S1.

[8] ZHANG S, CHEN H, LIU K, et al. Inferring protein function by domain context similarities in protein-protein interaction networks[J]. BMC Bioinformatics, 2009, 10(1): 395.

[9] PENG W, WANG J, CAI J, et al. Improving protein function prediction using domain and protein complexes in PPI networks[J]. BMC Systems Biology, 2014, 8(1): 35.

[10] LIANG S, ZHENG D, STANDLEY D M, et al. A novel function prediction approach using protein overlap networks[J]. BMC Systems Biology, 2013, 7(1): 61.

[11] SARKER B, RTICHIE D W, ARIDHI S. Exploiting complex protein domain networks for protein function annotation[J]. International Conference on Complex Networks and their Applications. Springer, Cham, 2018: 598-610.

[12] PIOVESAN D, GIOLLO M, LEONARDI E, et al. INGA: protein function prediction combining interaction networks, domain assignments and sequence similarity[J]. Nucleic Acids Research, 2015, 43(W1): W134-W140.

[13] PIOVESAN D, TOSATTO S C E. INGA 2.0: improving protein function prediction for the dark proteome[J]. Nucleic Acids Research, 2019, 47(W1): W373-W378.

[14] TÖRÖNEN P, MEDLAR A, HOLM L. PANNZER2: a rapid functional annotation web server[J]. Nucleic Acids Research, 2018, 46(W1): W84-W88.

[15] ZHANG F H, SONG H, ZENG M, et al. A deep learning framework for gene ortology annotation with sequence- and network-based information[J]. IEEE/ACM Transactions on Computational Biology and Bioinformatics. DOI: 10.1109/TCBB.2020.2968882.

[16] ZHANG F H, SONG H, ZENG M, et al. DeepFunc: a deep learning framework for accurate prediction of protein functions from protein sequences and interactions[J]. PROTEOMICS, 2019, 19(12):1900019.

[17] COWEN L, IDEKER T, RAPHAEL B J, et al. Network propagation: a universal amplifier of genetic associations[J]. Nature Reviews Genetics, 2017, 18(9): 551.

[18] MARTINIANO H F M C, ASIF M, VICENTE A M, et al. Network propagation-based semi-supervised identification of genes associated with autism spectrum disorder[J].

International Meeting on Computational Intelligence Methods for Bioinformatics and Biostatistics. Springer, Cham, 2018: 239-248.

[19] TONG H, FALOUTSOS C, PAN J, et al. Random walk with restart: fast solutions and applications[J]. Knowledge and Information Systems, 2008, 14(3): 327-346.

[20] HAVELIWALA T H. Topic-sensitive pagerank: a context-sensitive ranking algorithm for web search[J]. IEEE Transactions on Knowledge and Data Engineering, 2013, 15(4): 784-796.

[21] CICONE A, SERRA-CAPIZZANO S. Google PageRanking problem: the model and the analysis[J]. Journal of Computational and Applied Mathematics, 2010, 234(11): 3140-3169.

[22] KONDOR R, LAFFERTY J. Diffusion kernels on graphs and other discrete input spaces[J]. International Conference on Machine Learning, 2002: 315-322

[23] ZHAO B H, ZHAO Y L, ZHANG X X, et al. An iteration method for identifying yeast essential proteins from heterogeneous network[J]. BMC Bioinformatics, 2019, 20(1).

[24] ZHAO B H, HAN X, LIU X R, et al. A novel method to predict essential proteins based on diffusion distance networks[J]. IEEE Access, 2020: 29385-29394

[25] LI H, LI T, QUANG D, et al. Network propagation predicts drug synergy in cancers[J]. Cancer Research, 2018, 78(18): 5446-5457.

[26] ZHANG W, MA J, IDEKER T. Classifying tumors by supervised network propagation[J]. Bioinformatics, 2018, 34(13): i484-i493.

[27] GOTTLIEB A, MAGGER O, BERMAN I, et al. PRINCIPLE: a tool for associating genes with diseases via network propagation[J]. Bioinformatics, 2011, 27(23): 3325-3326.

[28] QIAN Y, BESENBACHER S, MAILUND T, et al. Identifying disease associated genes by network propagation[J]. BMC Systems Biology. BioMed Central, 2014, 8(S1): S6.

[29] PENG L, ZHOU D, LIU W, et al. Prioritizing human microbe-disease associations utilizing a node-information-based link propagation method[J]. IEEE Access, 2020: 31341-31349.

[30] PENG W, LI M, CHEN L, et al. Predicting protein functions by using unbalanced random walk algorithm on three biological networks[J]. IEEE/ACM Transactions on Computational Biology and Bioinformatics, 2017, 14(2): 360-369.

[31] LIANG L, CHEN V, ZHU K, et al. Integrating data and knowledge to identify functional modules of genes: a multilayer approach[J]. BMC Bioinformatics, 2019, 20(1): 225.

[32] STUART J M, SEGAL E, KOLLER D, et al. A gene-coexpression network for global discovery of conserved genetic modules[J]. Science, 2003, 302(5643): 249-255.

[33] CHUA H N, SUNG W, WONG L, et al. Exploiting indirect neighbours and topological weight to predict protein function from protein-protein interactions[J]. Bioinformatics, 2006, 22(13): 1623-1630.

[34] ZHAO B H, HU S, LI X Y, et al. An efficient method for protein function annotation based on multilayer protein networks[J]. Human Genomics, 2016, 10(33): 1-15

[35] HWANG T H, SICOTTE H, TIAN Z, et al. Robust and efficient identification of biomarkers by classifying features on graphs[J]. Bioinformatics, 2008, 24(18): 2023-2029.

[36] VANUNU O, MAGGER O, RUPPIN E, et al. Associating genes and protein complexes with disease via network propagation[J]. PLoS Computational Biology, 2010, 6(1).

[37] HARTWELL L H, HOPFIELD J J, LEIBLER S, et al. From molecular to modular cell biology[J]. Nature, 1999, 402(6761): C47-C52.

[38] LANCICHINETTI A, FORTUNATO S, KERTÉSZ J. Detecting the overlapping and hierarchical community structure in complex networks[J]. New Journal of Physics, 2009, 11(3): 033015.

[39] OUGHTRED R, STARK C, BREITKREUTZ B, et al. The BioGRID interaction database: 2019 update[J]. Nucleic Acids Research, 2018(D1). DOI: 10.1093/nar/gky1079.

[40] HUANG J K, CARLIN D E, YU M K, et al. Systematic evaluation of molecular networks for discovery of disease genes[J]. Cell Systems, 2018, 6(4): 484-495.

[41] ASHBURNER M, BALL C A, BLAKE J A, et al. Gene ortology: tool for the unification of biology[J]. Nature Genetics, 2000, 25(1): 25-29.

[42] BATEMAN A, COIN L, DURBIN R, et al. The Pfam protein families database[J]. Nucleic Acids Research, 2004, 32(Suppl_1): D138-D141.

[43] PU S, WONG J, TURNER B, et al. Up-to-date catalogues of yeast protein complexes[J]. Nucleic Acids Research, 2009, 37: 825-831.

[44] MORENO-TORRES J G, SÁEZ J A, HERRERA F. Study on the impact of partition-induced dataset shift on k-fold cross-validation[J]. IEEE Transactions on Neural Networks and Learning Systems, 2012, 23(8): 1304-1312.

第 8 章

总结和展望

8.1 为什么需要网络传播

通常在疾病遗传学中，我们会得到一份先前研究显示与疾病相关的基因列表（如全基因组关联研究），我们希望优先考虑可能与该疾病相关的其他基因。鉴于这些基因之间的相互作用网络(如之前测量的蛋白质-蛋白质相互作用网络)，基于以下原则：与疾病相关的基因之间更有可能存在生物学相互作用，而不是与随机选择的基因之间存在相互作用。

一种简单的分析方法可能是预测网络中所有疾病基因的直接邻居也是疾病基因。然而，这种幼稚的方法可能会引入错误的预测（假阳性），通过不相关的边连接到疾病基因，也可能会遗漏与已知疾病基因没有直接相互作用的基因（假阴性），即使这些基因通过多个较长的路径与已知基因良好连接。为了解决这个问题，人们首先可以检查网络中较长的路径，并可以通过它们之间的最短路径长度来定义成对基因之间的距离；然后可以根据新基因与先前列表的距离对其进行优先排序。然而，这种方法的困难在于，由于大多数生物网络的小世界特性，很多基因将与疾病基因接近。也就是说，在少量的步骤中，大多数节点可以从每个其他节点到达。因此，这种方法可能通过包含不相关或错误相互作用的路径，返回很多连接到疾病基因的假阳性基因。

网络传播提供了一种更精准的方法，它同时考虑了基因之间的所有可能路径。因此，将网络传播应用于基因排序可以克服与基于最短路径的方法相关的一些困难。具体而言，由单一（最短）路径支持的潜在虚假预测（假阳性）的权重降低，而可能被遗漏的真正因果基因［尽管它们与先前列表有良好联系（假阴性）］的权重提高了。

8.2 基于网络传播算法的应用研究总结

本书主要研究了网络传播算法在蛋白质-蛋白质相互作用网络上的应用，包括关键蛋白质识别和蛋白质功能预测。由于蛋白质-蛋白质相互作用网络具有复杂网络特有的小世界和无标度特性，因此传统的欧氏距离和最短路径距离不能真实地刻画相互作用网络的拓扑特性，从而制约了基于网络的预测算法的性能。为此，本书研究了基于网络拓扑分析和多源数据融合的扩散距离网络。研究结果表明，通过用扩散距离代替传统的欧氏距离和最短路径距离，确实能够有效地改善复杂网络中节点间的连接关系，减小小世界和无标度特性的负面影响，改善预测算法的性能。此外，受实验条件等的限制，高通量技术获得的相互作用数据包含大量的假阳性和假阴性数据，这是影响基于网络的预测算法性能的另一个重要因素。已有很多研究人员通过融合多源生物数据构建更可靠的加权网络的方式来改善网络质量。这些方法确实能够在一定程度上提高预测算法的准确率。但是，简单地汇总叠加的处理方式容易放大蛋白质之间的相互作用，从而人为地引入噪声并制约预测算法性能的提升。另外，多源生物数据对于复杂生物网络的预测的重要性也不一样，作用的时机也各不相同。这种处理方式也容易掩盖多源生物数据的内在属性。为此，本书研究了 MON 模型和异构网络模型，其既能减小假阳性和假阴性的负面影响，又能保留多源生物数据的特性及其之间的复杂联系。进一步地，针对多重生物网络，我们引入了张量模型以刻画节点间的多维数据联系，为基于多重生物网络的预测算法提供了坚实的理论基础，这也便于预测算法能够推广到其他应用领域的研究。

8.3 网络传播算法展望

网络传播算法具有一般适用性和良好的性能，基于它的方案可以在几个方面进行改进，以允许更严格的评分。特别是该方案假设路径对传播分数的贡献随其长度的增加呈指数规律递减。这个假设可以被移除，以允许不同路径长度的不同权重。例如，CATAPULT 算法以监督方式学习加权，这也说明了传播路径中包含的边的类型。